FAVERNEY

ET

SA SAINTE HOSTIE,

PAR

Mlle FANNY DE POINCTES-GEVIGNEY.

BESANÇON,

IMPRIMERIE DE J. JACQUIN,

Grande-Rue, 14, à la Vieille-Intendance.

1862.

Prix 1 fr. 25 c.
En vente à Besançon chez l'Imprimeur.
— à Paris chez Camus, lib. rue Cassette

FAVERNEY

ET

SA SAINTE HOSTIE.

FAVERNEY

ET

SA SAINTE HOSTIE,

PAR

MLLE FANNY DE POINCTES-GEVIGNEY.

BESANÇON,

IMPRIMERIE DE J. JACQUIN,
Grande-Rue, 14, à la Vieille-Intendance.

—

1862.

PRÉFACE.

C'est à moi, enfant de Faverney, qu'est réservée la gloire de raviver le souvenir du miracle de la sainte Hostie conservée dans les flammes et des merveilles dont ce sol mille fois béni fut le théâtre. J'obéis à la volonté qui m'impose cette douce tâche, et je prie Dieu de permettre que ma faible plume ranime le zèle et la foi de tous. O église de Faverney, puissé-je faire connaître et aimer ton sanctuaire ! Puissé-je, avec l'aide de Dieu, inspirer au pieux pèlerin le désir de visiter ta sainte chapelle et ton auguste relique ! Puissé-je surtout parler dignement de toi et transmettre à ceux qui viendront après nous les saintes traditions recueillies de la bouche de nos pères et placées sous la sauvegarde de notre foi !

C'est à vous surtout que je dédie ce petit livre, chers habitants de Faverney, nés comme moi dans ces lieux de bénédiction. Vous avez tous appris sur les genoux de vos mères que *le Seigneur a fait pour nous de grandes choses*, et votre oreille, avide des récits d'autrefois, s'est plue bien souvent à entendre raconter comment

Dieu, par le plus éclatant des miracles, s'est manifesté à nos heureux ancêtres. Vous savez tous la grandeur et la magnificence de la noble et illustre abbaye à l'ombre de laquelle vivaient nos pères; vous savez les vertus, la science et l'inépuisable charité de ces pieux Bénédictins dont les vieillards se souviennent encore. Mais, tout en conservant dans leurs mémoires et dans leurs cœurs le souvenir de ces pieux récits, plusieurs d'entre vous ignorent pourtant les détails de l'histoire de l'abbaye de Faverney et du miracle qui éclata dans son église en 1608; c'est pour ceux-ci que je vais publier un abrégé de cette histoire, mis à la portée de tous et écrit d'après un savant religieux bénédictin, auteur des Mémoires sur l'abbaye de Faverney.

Si ce petit livre trouve sa place dans les bibliothèques de vos familles, s'il est lu quelquefois le soir dans vos pieuses veillées, et s'il contribue à perpétuer un souvenir cher à tous, j'aurai trouvé ma récompense, et j'en bénirai le Seigneur.

FAVERNEY

ET

SA SAINTE HOSTIE.

—∞◦⁑◦∞—

CHAPITRE PREMIER.

L'ABBAYE DE FAVERNEY. — SON ORIGINE.

Le savant auteur des Mémoires sur l'abbaye de Faverney à qui nous empruntons le récit dont nous allons donner l'abrégé, nous dit que l'origine de cette abbaye remonte aux premiers siècles de la monarchie française, et qu'elle a laissé des traces non équivoques « de sa grandeur, de la protec- » tion qu'elle eut des souverains, et des pri- » viléges considérables dont elle fut décorée

» par l'une et l'autre puissance. Elle dut ses
» commencements à saint Waré, seigneur
» bourguignon et premier abbé de Flavigny,
» qui mourut vers l'an 747. » Faverney fut
d'abord une abbaye de Bénédictines, dont
sainte Gude fut la première abbesse. D'après
la tradition, la tombe de cette sainte était
placée dans la grande nef de l'église abbatiale ; ses restes ont été transférés depuis
dans le chœur, du côté de l'évangile. Le
même auteur remarque que l'abbaye n'était
point isolée, mais qu'elle était située, au
contraire, dans un lieu habité depuis longtemps, « dans un climat qui réunit les plus
» utiles et les plus agréables productions de
» la nature : un air pur et sain, une campagne
» féconde, des coteaux parés de vignes, des
» bois, une vaste prairie qu'arrose la Lan-
» terne, rivière abondante en poissons ; un
» sol enfin qui donne à ses colons tout ce
» qui peut contribuer à rendre la vie com-
» mode. » Cette petite ville, située au nord

du comté de Bourgogne, mériterait certainement, par sa position pittoresque et charmante, la visite des voyageurs et des touristes, mais ce n'est point à eux que nous nous adressons aujourd'hui. Un autre motif que celui de la curiosité doit attirer dans ce gracieux pays ceux qui vont chercher aux sources de ses environs la guérison de leurs maux. Qu'ils viennent en pèlerins demander à la source de tant de grâces ce que trop souvent ils ne peuvent obtenir par des moyens humains et matériels.

Au VIIe siècle, Faverney était déjà connu. C'était à cette époque une ville forte et un des lieux les plus importants de la province. Il y avait alors un archidiacre, établi par Miget, évêque de Besançon. L'histoire rapporte que c'est là que fut consommé le meurtre du patrice Vulfe, par les ordres de Thierry.

L'abbaye ajouta encore à l'importance de cette ville, et au commencement du IXe siècle elle comptait déjà parmi les monastères les plus riches et les plus distingués. Elle devait fournir des troupes à l'empereur et lui envoyait des présents. En 870, elle échut en partage à Louis de Germanie; elle devint ensuite la possession des deux époux Addalard et Addile, par un abus funeste « qui dans ces » temps malheureux donnait quelquefois » pour dot en mariage les possessions des » églises et des monastères. »

Après leur mort, nous voyons l'abbaye revenir à ses maîtres légitimes. Depuis elle fut gouvernée paisiblement par ses abbesses, jusqu'au moment où, par suite de l'irrégularité du monastère, elle tomba entre les mains des Bénédictins de la Chaise-Dieu.

CHAPITRE II.

SECONDE ÉPOQUE DE L'HISTOIRE DE L'ABBAYE DE FAVERNEY. — LES BÉNÉDICTINS.

Dans une lettre adressée par saint Bernard à la dernière abbesse de Faverney, il décrit avec force les troubles et l'agitation de cette abbaye. Une charte de 1132 renforce encore ce tableau, et fait voir combien il était urgent de supprimer les Bénédictines. Anséric, archevêque de Besançon, prend en pitié la noble église de Faverney, et se rend sur les lieux pour remédier à ses désastres. Renaud, comte de Bourgogne, son gardien [1] et son protecteur, s'y rend de son

---

(1) A cette époque les plus grands seigneurs se faisaient gloire d'être gardiens et protecteurs des monastères, comme on le verra par la suite de cette histoire.

côté. Guy de Jonvelle et Henri, son frère, Thiébaud de Rougemont, Hubert et Louis de Jussey, partageaient avec Renaud la garde de l'abbaye ; mais ils la considéraient comme leur possession, tandis qu'ils ne devaient en être que les défenseurs. Ils se désistèrent pourtant de leurs prétentions entre les mains de Renaud, qui remit l'acte de renonciation à l'archevêque. Le clergé, le peuple, les vassaux et les religieuses elles-mêmes, se joignirent à ces seigneurs pour supplier Anséric « d'unir perpétuellement » Faverney à la Chaise-Dieu, où l'on pren-
» drait toujours un religieux pour remplir
» le siége abbatial de Faverney. »

L'archevêque accomplit ce désir, et l'union fut confirmée par le pape Innocent II, le 13 juin de l'année 1133.

Par la charte d'union, Anséric « donne aux
» Bénédictins de la Chaise-Dieu l'abbaye de
» Faverney, sous la réserve des droits épis-
» copaux, et finit par soumettre l'abbé à ce-

» lui de la Chaise-Dieu. » Nous voyons pourtant que l'archevêque n'abandonna point tout à fait ses droits.

Malgré toutes ces précautions, Faverney ne put jouir de la paix et de la tranquillité qui semblaient devoir être son partage. Les seigneurs envahirent de nouveau ses possessions, et y commirent des rapines et des exactions. Le comte Renaud vint encore à son secours et força Guy de Jonvelle à restituer, dans le cas où les autres seigneurs ne restitueraient pas eux-mêmes, car, ayant la garde de l'abbaye, il ne l'avait pas défendue.

Il paraît que Bernard, premier abbé de Faverney, ne fut point digne d'un poste si éminent, car, d'après saint Bernard, abbé de Clairvaux, qui plaida contre lui près du pape Innocent II la cause des moines de Cherlieu, « c'était un homme violent et qui foulait aux » pieds les lois monastiques. »

On connaît peu les premiers successeurs de Bernard, dont plusieurs firent des donations aux différents monastères des environs.

Ce fut en l'année 1515 que les abbés de Faverney cessèrent de reconnaître la juridiction de la Chaise-Dieu, alors que les souverains du comté de Bourgogne obtinrent de nommer eux-mêmes aux abbayes de cette province ; mais on croit que ce fut lors de la réforme de Faverney, c'est-à-dire en 1613, que l'union des religieux à la Chaise-Dieu cessa. Ce fut alors que l'abbaye fut agrégée à la congrégation de Saint-Vanne et Saint-Hydulphe.

Plusieurs seigneurs laïques donnèrent des marques éclatantes de leur protection à la noble abbaye de Faverney. Nous voyons, entre autres, Etienne, comte d'Auxonne, devenir son bienfaiteur après l'avoir troublée d'abord, et Jean de Chalon, son fils, surnommé le Sage, lui donner à son tour des marques de sa bienveillance.

Les comtes de Bourgogne étaient gardiens de l'abbaye ; mais ce titre, qui leur donnait des droits sur la ville, n'en constituait pourtant point la propriété. On voit encore aujourd'hui dans la sainte chapelle du miracle le tombeau d'un prince de la maison de Bourgogne, qui, après avoir donné à l'abbaye des marques de son estime, de son affection et de la protection qu'il lui avait jurée, voulut de plus que ses restes demeurassent au milieu de ceux qu'il avait tant aimés. Sa figure était taillée dans le marbre et en relief; elle était revêtue d'une cotte de mailles, cuirassée et coiffée d'un casque. Son tombeau portait le millésime de 1173. Nous regrettons que ce mausolée n'ait pas été conservé. Jean fut enterré au bas des degrés qui montaient alors au presbytère, un peu à côté de l'évangile. Le corps de ce prince a été transféré depuis dans la chapelle de la sainte Hostie miraculeuse. On voit encore aujourd'hui son tombeau, scellé dans le mur et fermé par une pierre qui porte la copie de la première inscription, avec ces mots : *Renovatum anno 1626*. Philippe le Hardi assista aux obsèques de ce prince.

Les plus grands noms figurent sur la liste des abbés de Faverney. Nous y voyons Etienne Pierrexi, prélat de grand mérite, qui combattit pour l'abbaye, dont il fut constamment le soutien et le protecteur ; Jean de Colombey, qui vécut trop peu pour le bien de son église, et qui mourut en 1439 ; Pierre de Buffignécourt, qui laissa de moins bons souvenirs ; Philippe de Friant, d'une famille noble fixée depuis longtemps à Faverney même; Charles de Neufchatel, archevêque de Besançon ; Etienne Morel, d'une famille noble du comté de Bourgogne ; Simon de Saint-Seine, qui jura à tous les bourgeois de Faverney de leur conserver leurs franchises ; Guy de Lambrey, qui ne voulut point, comme ses prédécesseurs immédiats, décliner les droits de la Chaise-Dieu sur l'abbaye de Faverney et sur lui-même, et qui vint à la Chaise-Dieu « reconnaître la supériorité de l'abbé,

» dont il reçut un plein pouvoir de régir
» l'abbaye de Faverney et de corriger tous les
» abus qui s'y étaient introduits. » Ce digne
prélat s'appliqua à réformer l'abbaye de
Faverney, dont il occupa le siége abbatial
depuis l'an 1486 jusqu'en 1520. Nous voyons
ensuite Claude de Boisset, homme actif et
intelligent; Charles Perrenot, dit le bon
abbé, frère du célèbre cardinal de Granvelle, chancelier de Charles-Quint. Ce prélat
jouit de l'abbaye pendant vingt ans, après
lesquels il abdiqua en faveur d'Antoine d'Achey, son neveu. Nous voyons encore:
François de Grammont, élu par les ordres
du roi d'Espagne, et « dont la mémoire ne
» périra jamais à Faverney tant qu'il y aura
» des cœurs sensibles aux bienfaits; » Jean
Doroz, professeur de droit canon en l'université de Dole; Alphonse Doresmieux, savant et pieux prélat; Hydulphe Brenier, mort
en odeur de sainteté; Antoine Doré, Flamand d'origine, et nommé par Philippe IV;

le pape lui refusa des bulles, mais il n'en toucha pas moins les revenus d'un bénéfice qu'il ne vit jamais; Théodore Gourret du Clos, qui gouverna longtemps et paisiblement l'abbaye; et Jérôme Coquelin, issu d'une famille distinguée dans la robe. Ce prélat joignit le goût des lettres à la pratique des vertus les plus éminentes. Avec lui s'éteignit le titre d'abbé.

CHAPITRE III.

LE MIRACLE.

Laudis thema specialis.

Ce fut sous le gouvernement abbatial de dom Alphonse Doresmieux, de pieuse et vénérable mémoire, qu'éclata, en 1608, le fameux miracle dont nous donnons aujourd'hui le détail à nos lecteurs. Nous empruntons ce récit à l'illustre président Boyvin, cette gloire artistique et littéraire de notre Franche-Comté. Laissons-le nous dire, dans son style plein de verve et de grâce, avec cette vive éloquence inspirée par sa foi, les merveilles dont nos pères furent témoins et dont le souvenir fait encore aujourd'hui palpiter nos cœurs.

« Sur la frontière de cette prouince, dit-il, du costé du Bassigny et de la Lorraine, est assise vne petite bourgade, appelée Fauerney, auec vne ancienne et célèbre abbaye de religieux de l'ordre de saint Benoist, dont l'église est en grande vénération parmy les voisins, pour la réputation que ce déuost lieu s'est acquise, d'auoir été signalé de plusieurs grâces par l'entremise de la glorieuse Mère de Dieu, à laquelle il est dédié.

» Vn sacristain de l'abbaye qui désiroit d'en réveiller la déuotion, impétra, par vn bref de Sa Sainteté, enuiron l'an seize cent et quatre, pour certain nombre d'années, des indulgences en faueur de ceux qui, après estre confessés et repus de la sainte communion, visiteroient cette église au jour de la Pentecoste, ou à celuy de l'vne des deux festes qui la suiuent; et affin d'y attirer les cœurs par le plus puissant et le plus aimable objet de nostre Religion, il remest sur pied la coustume ancienne, d'exposer en public, pour pareille occasion, le très auguste sacrement de l'Eucharistie, vray symbole de l'amour inconceuable que Jésus-Christ nous a porté.

» La veille de la Pentecoste, l'an de grâce seize cent et huit, le mesme sacristain, poursuiuant ce qu'il auoit déuotement pratiqué à pareil jour des années précédentes, prépara au deuant d'vn treillis de fer qui sépare le chœur d'auec la nef, à costé droit de la porte du chœur, vn autel sur vne table rehaussée d'vn degré, et par dessus dressé vn tabernacle de bois à quatre colonnes, reuestu de quelqu'étoffes de soye, de linge et de lacis [1], couuert d'vn dais attaché contre le treillis, endossé de plusieurs tapis, et entouré de couronnes et autres semblables ornemens tirés de la sacristie ou empruntés des familles honorables de la ville. Au dedans

---

[1] Espèce de dentelle.

du tabernacle, il dispose vn marbre sacré garni d'vn quadre de bois, et le couure d'vn corporal pour y reposer le précieux corps de notre Rédempteur ; sur le deuant de l'autel, il affiche le bref en parchemin des indulgences octroïées par le souuerain Pontife, auec les lettres d'attache sous le scel de l'ordinaire diocésain. A l'entrée des vespres, le prieur, officiant en l'absence de l'abbé, suiuy de tous les religieux, porte reueremment la très sainte Eucharistie dans la chapelle ainsy préparée, et pose sur le marbre dans le tabernacle, le ciboire[1] sacré saint contenant deux hosties consacrées et reseruées pour cet effet dès la messe conuentuelle du matin. Le ciboire était d'argent, doré sur les bords, ayant l'assiette large, taillée à plusieurs pans en forme de pied de calice ; au milieu se voioit un tuyau de cristal couché de son long, bordé d'anneaux de même métail,

---

[1] Ostensoir.

dans lequel estoient quelques ossemens d'vn doigt de sainte Agathe, vierge et martyre. Ce cristal, soutenu de deux branches en forme de consoles naissantes de la pomme du pied, et ayant par dessus deux autres petites branches, sur l'assemblage desquelles estoit entre, la lunette avec ses deux vitres ou cristaux, enfermant les deux Hosties. Elles auoient été redoublées en cette sorte pour remplir la capacité de la lunette, vn peu trop large, et pour faire paroistre des deux costés l'image du crucifix empreinte sur l'vne des faces de chacune des Hosties selon l'ancien usage de ce monastère. Tout au-dessus du cercle estoit vne petite croix à branches rondes et lisses, y seruant de couronnement. La pièce entière pesoit vn peu plus d'vn marc, ou huit onces de Troyes.

» La chapelle ainsy parée et assortie de lumières, demeure en cet estat durant la nuit suiuante et tout le jour de la feste solennelle, qui fut célébrée par de fresquentes confessions, communions, visites et prières des habitants de la ville et du voisinage.

» Au soir, après que le peuple se fut retiré, le sacristain agence sur le bord de l'autel, au deuant du saint Sacrement, deux lampes ou coupes de verre, dont on se sert ordinairement ès églises, supportées de deux chandeliers d'estain, et fournies de mesches ardentes, et d'huille suffisamment pour esclairer la nuit entière; et puis ferme soigneusement les portes, et laisse le tout, ainsi qu'il auoit fait la nuit précédente, à la seule et seure garde de l'œil toujours veillant de la Diuinité.

» Le lendemain, jour du lundy, vingt-sixième de may, sur les trois heures du matin, le sacristain ouurant les portes de l'église, qui est un beau et ample vaisseau, la trouve toute regorgeante de fumée : et comme il jette les yeux à l'abord sur la sainte chapelle, n'y découvre qu'un nuage épais, à travers duquel brillent les charbons ardens qui consument les restes d'un plus grand embrasement. A ce spectacle, un tremblement vniuersel du corps le saisit et le fait tomber par terre. Il se releue tout chancellant, et sortant dehors s'écrie à l'ayde, que tout est perdu, que l'église est tout en feu. Ses confrères religieux et quelques habitants de la ville, accourus à ce bruit, s'approchent du brasier, reconnaissent que la table qui avoit seruy d'autel est brûlée plus des deux tiers en la partie qui touchoit au treillis ; que le degré, le tabernacle, avec tout ce qui estoit à l'entour, est entièrement deuoré des flammes, et qu'il n'y a rien de reste que la portion du milieu du dais qui auoit été posé sur le saint Sacrement, et vne partie du deuant d'autel avec le bref des indulgences et des lettres d'attache, qui se voyent sans autre dommage, sinon que le sceau de cire, qu'on appelle l'anneau du pescheur, est fondu, et le parchemin ridé et retiré par l'ardeur du feu ; en sorte néanmoins que toute l'écriture y paroît encore entière et aussi lisible qu'auparauant ; ils rencontrent, sur ce qui reste de la table brûlée, l'un des chandeliers d'estain, avec sa lampe encore pleine d'huille et la mesche esteinte, l'autre lampe cassée, et le chandelier qui la soutenoit fondu, à la réserve d'vne pièce du pied.

» Le trouble auquel ils estoient tous en cet empressement, ou l'épaisseur de la fumée, ne leur permet pas de voir où est le reliquaire sacré, auec son précieux dépôt. Ils le cherchent sur le paué, parmy le brasier et les cendres ; à l'aide encore d'autres religieux et bourgeois qui suruiennent en foule, ils découurent le marbre brisé en trois pièces tellement eschauffées, qu'il est impossible d'en souffrir l'attouchement; le cadre auquel il auoit été enchassé ayant été consumé tout à fait; deux chandeliers de cuuire tombés par terre, et l'un d'iceux rompu par le milieu ; l'estain fondu de l'un des chandeliers qui portoient les lampes ; les fragmens de la lampe cassée, et vne grande poutre de bois qui seruoit de seuil et de soubasse au treillis de fer, et vne autre qui lui seruoit de colonne, embrasés et brûlés à demy; mais ils ne reconnaissent aucuns enseignes de la boiste sacrée sainte. Comme les religieux sont en cette perplexité, regrettans et accusans leur nonchalance à la garde d'vn trésor de si haut prix, un nouice de l'âge de treize ans seulement, qui trauaille auec les autres à cette recherche, s'escrie qu'il a trouué ce qu'ils demandent, et leur montre le ciboire auec ses adorables hosties, suspendu en l'air sans aucun support, de la mesme hauteur qu'il auoit été placé, mais retiré de la largeur d'vne palme plus en arrière du costé de l'éuangile, et penchant par le haut, en sorte qu'il sembloit s'appuyer doucement contre un nœud du treillis, par la pointe seulement de l'vne des branches de la petite croix; le jour paraissant de toute autre part entre la custode (1) et le treillis. A l'instant ils se prosternent tous à deux genoux et adorent la Diuinité cachée sous ces espèces visibles, luy donnans mille bénédictions, et rendans grâces infinies d'vne conseruation si prodigieuse.

» Le prieur et les religieux, n'osans pas y toucher, et ne sachans quel party prendre, s'assemblent et députent l'vn d'entre eux pour passer promptement au couuent des pères Capucins de la ville de Vesoul, qui n'en est éloignée que de trois lieues communes, afin de prier ces sages Pères d'enuoyer quelqu'un des leurs pour considérer cette merueille et les assister de conseils.

» Deux prestres de cet ordre, signalés en doctrine, en prudence et en piété, viennent à cette cérémonie, suiuis d'vn frère lays et de plusieurs personnes qualifiées du lieu de

(1) Ostensoir.

Vesoul, tant ecclésiastiques que séculières. Ils arriuent sur l'heure de vespres dans l'église de Fauerney, où ils contemplent, avec non moins de consolation que d'estonnement, cet estuy qui enferme le corps de notre Rédempteur, soustenu au vuide de l'air, du seul appuy de sa main toute-puissante; et après l'auoir humblement adoré, font allumer plusieurs cierges et flambeaux, pour esclairer cette nouueauté de plus près, et descouvrir s'il n'y auroit point quelque cause naturelle, mais cachée, de cette incompréhensible suspension. Ils tournent et retournent à l'entour du ciboire, tant au dedans qu'au dehors du chœur, avec vne discrette et néanmoins exacte, et pour ainsy dire, scrupuleuse curiosité.

» Pourtant, plus ils se rendent soigneux à l'esplucher, plus ils se confirment en l'assurance du miracle et reconnaissent éuidemment que le vaisseau sacré, dont le pied est encore tout couuert de charbons ardens et de cendres, n'est supporté d'aucun soutien visible, et que la pointe d'vne des branches de la petite croix, qui seule semble toucher au treillis, paroît en cette sorte à raison d'un peu de cendres de linge brûlé qui se trouuent engagées entre les deux : voires [1] qu'il est impossible que ce petit brin de poudre puisse supporter tout le faix, veu que l'attouchement apparent n'excède pas l'épaisseur d'un grain d'orge, outre que la position du vase suspendu est en vne posture tout à fait contraire à la naturelle.

» Ainsy ne manquant rien à l'entière preuue de ce miracle que l'autorité et approbation juridique des supérieurs, ils conseillent au prieur et à ses religieux d'en auertir en diligence l'illustrissime archeuesque de Besançon, sur le diocèse de qui la merueille est arriuée, affin que par sa prudence il en ordonne ce qu'il jugera le plus conuenable à la

---

[1] Même.

gloire de Dieu et à l'édification de son troupeau.

» Cependant comme tous ceux du lieu et des circonuoisins, accourans au bruit d'vne nouueauté si estrange, se jettent à la foule aux enuirons du saint reliquaire, ils font tous coups branler le treillis, peu fermement arrêté, à raison de l'embrasement de la partie du seuil et de la colonne de bois qui le soutenoit. Sur cela, les sages religieux, considérans que les effets miraculeux ne durent qu'autant qu'il plaît au maître ouvrier qui les fait naître pour notre instruction, s'auisent d'apprester quelque siége au-dessous de la sainte custode, pour la receuoir avec respect et bienséance, si elle vient à tomber ou descendre du lieu où elle est suspendue. Ils posent donc vn ais de sapin sur des tréteaux, et mettent par dessus, vn missel couuert d'un corporal [1], en telle distance qu'il de-

---

[1] Ce corporal est encore aujourd'hui à l'église de Notre-Dame de Besançon, autrefois l'église des Bénédic-

meuroit vn espace vuide de la hauteur de quatre à cinq doigts entre le ciboire et le liure, et laissent tout le surplus des reliquats de l'autel, au mesme point où il s'estoit trouué après l'embrasement. Ils ajoutent quelques barricades à l'entour, pour empescher la populace de s'en approcher irreueremment. Tandis que l'on y trauaille, il arrive que deux puissants hommes portans une grosse et longue pièce de bois pour seruir à cet vsage, en heurtèrent par mesgarde le treillis, qui en reçeut vne secousse bien uiolente ; mais par tous ces esbranlements, la coupe sacrée qui sembloit s'appuyer dessus, n'en fut nullement esmüe. Le reste de la journée et la nuit se passent en veilles, prières, cantiques et louanges, et autres déuosts exercices.

---

tins. On ne sait point comment cette relique est venue en la possession de cette paroisse. Il est très probable que les religieux Bénédictins de Faverney en firent don à leurs frères de Besançon.

» Le lendemain, dès l'aube du jour, arriuèrent de tous côtés des hommes et femmes à milliers, de tous âges et de toutes conditions, pour voir la continuation de ce prodige; plusieurs curés y conduisent en procession les peuples de leurs paroisses, qui se poussans et pressans par vne curiosité rustique et ferueur inconsidérée, aux enuirons de l'autel, secouent à tout moment les barrières et le treillis, sans esbranler tant soit peu ce vaisseau miraculeux, qui persiste toujours immobile, tandis que le peuple déuost se dispose par la fréquentation des sacremens, par prières et par aumosnes, et par autres pieux exercices, à receuoir les grâces qui sont eslargies aux âmes fidèles en la communication de ce salutaire mystère.

» Entre les neuf et dix heures auant midy, pendant que le curé du village de Menoux, voisin de Fauerney, célèbre la messe au grand autel, à la déuotion de son petit troupeau qu'il y auoit amené en procession; sur le point qu'il commence de prendre entre ses mains le pain pour le consacrer, l'un des cierges qui esclairoit deuant le saint Sacrement miraculeux, hors du chœur, s'esteint de soy-mesme, sans aucune apparente cause; et estant promptement ralumé fait de mesme jusqu'à trois fois, coup sur coup, comme pour avertir les assistans de se rendre attentifs au nouueau prodige qui s'alloit faire. Et voilà qu'au mesme instant que le prestre célébrant au maistre-autel dans le chœur, repose l'hostie qu'il venoit de consacrer sur le corporal, après la première eslévation, le ciboire miraculeux sur lequel plusieurs des assistants auoient les yeux attentiuement attachés, se redresse, et puis, descendant doucement sur le missel et corporal qu'on auoit appresté par-dessous, s'y place de si bonne grâce que le plus discret et accort ecclésiastique n'eust pu l'asseoir plus proprement, tourné contre le peuple, au juste milieu du sacré suaire. A ce redoublement et accomplissement de miracle, les spectateurs, battans leur poitrine et laissans couler de douces larmes de leurs yeux, s'écrièrent : Mysericorde! miracle! miracle! Tout le reste du peuple dont l'église estoit remplie de toutes parts, les seconde, et puis, par vn saint murmure d'allégresse, s'entredisans et montrans l'vn à l'autre ce comble de merueilles, glorifient le Seigneur, qui leur a daigné fournir vn si puissant renfort de leur foy.

» Les religieux du monastère et les pères Capucins, qui en sont aussitôt auertis, s'en approchent, et contemplent avec rauissement et profonde adoration la très auguste custode, si justement et proprement agencée sur le corporal, et remarquent vne singularité merueilleuse, que des charbons et cendres qui sont en quantité sur le pied du ciboire, vn seul brin ne s'est remué de sa place, et qu'il n'en apparoist pas une simple petite bluette sur la blancheur et la polissure du linge sacré. Ils examinent avec plus de liberté qu'auparauant le croison de la petite croix, qui sembloit estre attaché au treillis, et le trouuent entièrement net et poly, et couuert seulement sur le bout d'vn peu de poudre de toile brûlée, d'où ils s'affermissent dauantage en la croyance et reconnaissance de ce miracle incomparable; qu'y pouuoit-on désirer de plus, sinon l'examen rigoureux et l'approbation juridique des supérieurs qui ont l'autorité de porter leur jugement décisif des mystères de la religion ?

» L'illustrissime seigneur messire Ferdinand de Longuy, dit de Rye, archeuesque de Besançon, et en cette qualité ordinaire du lieu, y enuoie incontinent son procureur général assisté de son aduocat fiscal et de son secrétaire. Ils voyent, ils touchent, ils manient les restes de l'embrasement; ils ouurent la lunette, à laquelle personne n'auoit entrepris d'attoucher jusqu'alors, et en tirent les deux hosties, qui paroissent entières et sans avoir été tant soit peu endommagées par le feu ; seulement se trouuent-elles enfumées et teintes de l'ardeur des flammes qui les auoient enueloppées. On tire pareillement hors du tuyau de christal les reliques de la chaste sainte Agathe, qui se trouuent n'auoir rien souffert par la violence du brasier ; et ce que l'on admire le plus, est qu'vn petit bouchon de papier qui fermoit l'entrée du canal où elles estoient, et en sortoit à demy, a été garanti de brûlure et de tache, par l'heureux voisinage du corps viuant et impassible de son créateur, et des ossemens de la glorieuse vierge et martyre, voisine de son cher époux. Ces commissaires dressent vn ample procès-verbal de ce qui se présente à leur vue et examinent sur tout le surplus jusqu'à quarante-deux[1] tesmoins sans reproche, choisis comme les plus apparens entre tant d'autres qui auoient veu les mesmes

---

[1] Le procès-verbal contient cinquante-deux témoignages, mais nous n'avons pas voulu altérer le texte de la relation de Boyvin.

particularités. Ils affirment, chacun séparément et par serment solennel, la vérité constante et uniforme de tout ce que je viens de raconter ; à quoi quelques-uns ajoutent que, sur le point de la descente du ciboire, ils ont ouys comme le son argentin d'vne clochette inuisible, messagère de la prochaine merueille.

» Sur cette preuue, le conseil archiépiscopal, auquel furent appelés plusieurs théologiens de singulière érudition, discrétion et probité, tirés de divers ordres religieux et autres corps ecclésiastiques de la cité de Besançon, déclara, par décret solennel du neufvième de juin de la même année, que cet éuesnement contenoit un éuident, ou plutost plusieurs éuidents miracles, à la confusion des incrédules et des hérétiques, à la consolation et à l'utilité du peuple viuant en la foy de notre mère sainte Eglise catholique, apostolique et romaine : et que le réuérendissime preslat, en l'approuuant de son autorité ordinaire, selon le prescrit du sacré Concile de Trente, le pouuoit faire publier et reconnoistre comme tel par tout le peuple de son diocèse, sans autre delay ny remise. A quoy le sage preslat condescendit, et en fit bientost après imprimer et enuoyer de tous costés une déclaration sommaire, qui contenoit en peu de mots l'abrégé de cette véritable histoire.

» Vne promulgation si considérément et si religieusement faite, le récit que plusieurs historiens, chroniqueurs et autres escriuains de ce temps en ont enregistré dans leurs écrits en diuerses langues, et l'éuidence de la chose, pouuoient bien suffire pour en affermir la créance et en éterniser la mémoire, et pour donner dans la visière des plus acariastres huguenots. Si crois-je qu'il ne sera pas infructueux ny désagréable que je l'aye estalé plus au large, et déplié cet ouurage diuin avec toutes ses singularités, selon que je les ai soigneusement et fidellement recueillies du verbal des commissaires et de l'examen des témoins, sans enrichissement de vaines paroles. J'ai tiré le tout des archiues de la ville de Dole, qui en garde vn double authentique que le magistrat m'a librement communiqué. Ville vraiment heureuse, qui se voit aujourd'huy gardienne de l'vne de ces deux miraculeuses hosties, comme d'vn joyau d'inestimable valeur, ou plutost qui s'est mise à couuert sous la sauue-garde de ce tout-puissant, tout aymable et tout inuiolable gardien. »

Nous avons pu consulter une copie de ce procès-verbal, dont l'original était conservé dans les archives de l'archevêché de Besançon. Ce document précieux, collationné par Mgr Clériadus de Choiseul-Beaupré, archevêque de Besançon; Mgr Franchet de Rans, évêque de Rhosy, son suffragant, et MM. François Galois et Jean-François Bailly, vicaires généraux, est aujourd'hui à la cure de la paroisse de Faverney. Nous y voyons les témoignages les plus respectables et les plus authentiques, et entre autres ceux de plusieurs prêtres des environs, de plusieurs religieux de différents monastères accourus au bruit du prodige pour le constater et admirer la toute-puissance de Dieu. Les bornes de cet ouvrage ne nous permettent pas d'en citer un grand nombre ; mais nous pensons intéresser nos lecteurs en en transcrivant quelques-uns.

Extrait du procès-verbal d'enquête faite en l'année 1608 *par Pierre Chevrotton, prêtre, prieur commendataire de Cerod, procureur fiscal et général de l'archevêché de Besançon, messire Jean Morelot, docteur ès droits, avocat fiscal de l'officialité et régale dudit Besançon, et Bon Monnier, secrétaire du conseil archiépiscopal et subrogé-greffier de la chambre archiépiscopale, commis par Monseigneur Ferdinand de Longwy, dit de Rye, archevêque de Besançon, à l'occasion de la conservation miraculeuse de la sainte Hostie dans un incendie en l'église abbatiale de Faverney.*

« Dom Nicolas Noirot, prêtre religieux en l'abbaye de Notre-Dame de Faverney, ordre de saint Benoît, au diocèse de Besançon, premier témoing, âgé d'environ trente-deux ans, cité d'office et prins par serment, dit qu'il y a environ vingt ans qu'il fut reçu en l'abbaye pour religieux, par feu lors vivant révérend sieur messire François de Grammont, commendataire de ladite abbaye, et fut fait profès en icelle en l'an mil cinq cent nonante et ung, bien que dez lors il a résidé au prioré de Chaux du même ordre, par environ sept ans, ayant bien sçu que par cy devant il y avait un pardon et indulgence concédé par le saint-siége à tous ceux et celles qui visiteroient ladite abbaye au jour de feste Pentecoste ou le jour suivant, en l'église de laquelle abbaye esdits jours y venoient plusieurs étrangers en dévotion à ce regard; mais comme le terme du pardon étoit comme il croit écoulé dez quelques années, pendant que luy qui dépose résidoit audit prioré de Chaux, dom Jean Garnier, prêtre, sacristain et religieux de ladite abbaye, recourut de nouveau au saint-siége et obtint indulgence pour l'espace de dix ans à même jour de feste de Pentecoste et deux jours feriez subséquents, que fut commencé en l'an mil six cent et quatre et publié par permission du révérendissime archevêque de Besançon audit Faverney et plusieurs lieux circonvoisins; tellement qu'audit jour il arrive multitude de peuples en ladite abbaye en dévotion, et que plusieurs se confessent et communient, d'autres visitent seulement ladite église pour y gagner les indulgences et pardon ; et pour inciter le peuple à plus grande dévotion, l'on a accoutumé le sambedy veille de feste de Pentecoste, de préparer une table proche le chœur de ladite église abbatiale, et tout joignant es gennes et clôture de fer que séparent ledit chœur et la place où sont les siéges vulgairement appelés formes, esquelles psalmodient les sieurs prieur et religieux de ladite abbaye, et orner et parer ladite table des plus précieux habits de ladite église et autres que l'on emprunte es maisons honorables de ladite ville, comme lacsets et linges, tant pour couvrir ladite table que l'orner à l'environ de rideaux à l'entour, pour, au commencement des vespres de ladite veille de Pentecoste, y porter et reposer le précieux Sacrement, ce que le sieur prieur de ladite abbaye, qui a accoutumé faire l'office à tels jours solennels, fait avant que de commencer lesdites vespres, lorsqu'il a habillé l'aube, l'étolle et la chappe ; quoy fait à la même heure il commence les vespres, ce que ledit sieur déposant se souvient fort bien être été observé siguamment l'année dernière mil six cent et sept, comme pareillement fut fait et observé ladite veille de Pentecoste dernier passé, auquel jour ledit dom Jean Garnier, sacristain, après le diner prépara au lieu susdit et accoutumé une table en forme d'autel joignant aux gennes ou fermeture dudit chœur, en la partie gauche de l'entrée, laquelle il orna aux deux côtés et par derrière de plusieurs tant nappes d'autel, linges de lascis et autres ornemens, même d'un tapis de satin qu'étoit de l'abbaye que se portoit aux processions solennelles de la Feste-Dieu, qu'autres ornemens que luy qui dépose ne pourroit bonnement estimer pour n'y avoir prins égard, bien croit-il que tous les ornemens excédoient la valeur de soixante francs, et en outre sur ladite table en devers derrière il y avoit un lavon de la largeur d'environ un pied soubstenu de petits bois, élevé sur ladite table d'environ quatre pouces ou d'une palme, sur lequel et au milieu duquel y avoit un petit tabernacle auquel étoit ou dessoubs iceluy un marbre sacré, revêtu et enchâssé de bois et couvert de draps de soye et corporaux, le tout honorablement préparé pour y porter et reposer le saint Sacrement, comme fut fait par ledit sieur prieur de ladite abbaye, nommé dom Jean Sarron, environ les quatre heures du soir avant de commencer les vespres dudit jour, lequel saint Sacrement étoit

sur un reliquaire qu'est en ladite église, fait
d'argent de la hauteur d'environ une palme,
le pied duquel est comme celuy d'un calice,
et au-dessus et de travers est un cristal soubstenu de deux petites branches d'argent, dans
lequel cristal il y a des reliques que l'on dit
être l'un des doigts de sainte Agathe, autrement ne le sçait, au-dessus et milieu duquel
cristal il y a un petit bouton dans lequel l'on
a accoutumé aux solennités du jour de la
Feste-Dieu et octaves et autres que l'on fait,
ou les quarante heures, ou semblables dévotions, de mettre un rond fait aussy d'argent
à ce sujet, auquel rond revêtu de deux vitres
l'on a accoutumé enclore le précieux Sacrement, ainsy que fut fait à tel effet ledit jour,
et sur ce interrogé particulièrement ledit
déposant dit qu'il y avoit audit rond, le susdit jour, deux hosties consacrées, lesquelles
furent le même jour de sambedy consacrées
par dom Prudent Chalon, prêtre et religieux
de ladite abbaye, qui célébra la haute messe,

à laquelle servit de diacre luy qui dépose ; et même dit luy qui dépose qu'il les ensserra toutes deux audit rond après qu'elles furent consacrées, à l'issue de la messe, et resserra ledit reliquaire et susdit Sacrement dans un tabernacle qu'est sur le grand autel de ladite abbaye où que ledit sieur prieur le prit lorsqu'il le porta sur la susdite table préparée, où étant furent posés sur ladite table deux cierges sur deux chandeliers de cuivre de la pesanteur d'environ chacun un quarteron, sur les deux bouts de la table devers devant et deux lampes de verre posées quasi au milieu de ladite table, à l'endroit du saint Sacrement, sur deux chandeliers d'étain, esquelles lampes il y avoit au fond de l'eau et au-dessus de l'huile de navette, et en chacune un peu de liége pour le milieu duquel passait le lulement donnant le feu, lesquels cierges et lampes furent posés et formés par ledit sieur sacristain, qui de ce a charge, et après les vespres et complies dites, et avoir chacun des sieurs religieux fait leurs dévotions, se retirèrent chacun en leur chambre, ayans encoure laissé en ladite église plusieurs personnes de ladite ville en dévotion, et sur le tard furent serrées les portes de ladite église par ledit sieur sacristain, sans que personne demeurat en icelle pour la garde du saint Sacrement, devant lequel demeurarent seulement les deux lampes ardentes, et non lesdits deux cierges, qui toutesfois demeurarent ardens pendant le jour.

» Le lendemain, qu'étoit le saint jour de la Pentecoste, ledit saint Sacrement demeura par tout le jour au susdit lieu, et furent en dévotion en ladite église plusieurs, tant de ladite ville qu'étrangers, aucuns desquels firent oblation de doubles et petites monnoyes dans un tronc qu'étoit posé devant et assés proche de ladite table où reposoit ledit saint Sacrement, toutes lesquelles oblations et autres prouffits de la vente des chandoiles, appartiennent et sont au seul prouffit dudit sieur sacristain ; lequel après les vespres dudit jour comme auparavant après les complies, resserra les portes de ladite église, à l'ouverture desquelles le lundy lendemain matin qu'en fit ledit sacristain, environ les trois heures, comme croit ledit sieur déposant, iceluy sacristain, ainsy qu'il fit entendre audit sieur déposant et à tous les autres religieux, trouva ladite table embrasée et la pluspart consumée du feu, comme aussy ledit tabernacle et aussy tous lesdits ornemens, tellement que comme éperdu, sans sonner les matines, il alla appeler lesdits sieurs religieux pour venir voir ce spectacle, et même alla appeler ledit sieur déposant, auquel il conta ce que dessus, et luy dit de plus que le saint Sacrement étoit suspendu en l'air contre les gennes de ladite église, que fit que luy qui dépose y accourut hastivement, et étant en ladite église il y trouva déjà plusieurs personnes, même dom Nicolas Chamey et Pierre Rouhier, et aussy deux des novices, sçavoir Nicolas Brenier et Gabriel Hudelot, comme aussy maître Etienne Damisey et plusieurs de ladite ville, tant hommes que femmes, et vit et reconnut grande quantité de cendres au lieu où étoit ladite table, laquelle étoit plus des deux tiers brûlée, comme aussi le bois qu'étoit à l'entour du marbre, lequel marbre luy qui dépose retira des cendres avec une nappe, attendu qu'il étoit extrêmement chaud, et le tira en trois pièces.

» Et quant au précieux Sacrement et reliquaire susdit, à l'instant luy qui dépose le vit contre lesdites gennes, à la même hauteur qu'il avoit été posé sur ladite table, mais quasi joignant auxdites gennes, encore que quand il fut posé sur ladite table, il étoit distant d'ycelles gennes d'environ ung palme, sans être iceluy saint Sacrement ny susdit reliquaire offensé aucunement, et quoiqu'il étoit fort joignant auxdites gennes, il n'étoit néanmoins en rien soubtenu par icelles, mais suspendu en l'air, ce qu'il regarda fort soigneusement, et le remarqua même pour autant qu'il sembloit que l'un des croisons d'une petite croix d'argent qu'étoit sur le rond où est enclos ledit saint Sacrement touchoit les gennes, mais il reconnut que c'étoit de la cendre des linges brûlés, comme de même firent tous messieurs ses confrères et autres illec présents, qui tous jugearent et crurent comme fait luy qui dépose, être un miracle, siguamment que ledit saint Sacrement et susdit reliquaire étoient ainsy préservez.

» Et davantage dit sur ce interrogé que le bref de telles indulgences étoit à la sortie des vespres du susdit jour sur la table attaché avec une épingle à la nappe avec l'approbation dudit illustrissime et révérendissime archevesque, et que combien ladite nappe fut toute brûlée sauf quelques petites pièces, le susdit bref et approbation étoient de le demeurant exemps, bien toutesfois étoit le parchemin dudit bref retiré et comprimé, mais que la lettre étoit fort lisable, et quant à ladite approbation, le scel dudit illustrissime et révérendissime étoit fondu, ne sçachant toutesfois où lesdits bref et approbation furent retrouvés par ledit sieur sacristain, pour autant, comme cy-dessus est dit, il n'arriva des premiers en ladite église, et que lorsqu'il y arriva, tels bref et approbation étoient déjà reposés sur un coffre en ladite église quelquement distant de la place où étoit ladite table sur laquelle reposoit ledit précieux saint Sacrement.

» Pour lesquelles raisons et choses susdites ledit lundy matin, après la sortie des matines, environ les cinq heures, ledit sieur Sarron, prieur, fit venir luy qui dépose en la sacristie de ladite église, où aussy étoit ledit sieur Garnier, sacristain, et encore commanda audit sieur déposant, ledit sieur prieur, d'y appeler le receveur et greffier de ladite abbaye, nommé Bartholomey Caboz, dudit lieu, et, après avoir remarqué de ce fait et comme l'on y devoit procéder, en fut resout entre eux trois qu'il convenoit que ledit sieur déposant allât promptement et habilement à Vesoul pour supplier quelqu'un des révérends pères Capucins dudit lieu de se daigner acheminer audit Faverney, pour voir et reconnoître ce que dessus, et sur ce avoir leur bon avis, laquelle délibération ledit sieur prieur fit entendre au surplus desdits sieurs religieux qui le trouvarent à propos ; tellement que luy qui dépose monta à cheval sur le cheval dudit greffier Caboz, et le plus hastivement qu'il put, accourut audit Vesoul, où étant et ayant communiqué avec le révérend P. Vincent, de Salins, Capucin, iceluy père avec deux autres de ses confrères vint à l'instant audit Faverney, accompagné de plusieurs de ladite ville de Vesoul, tant ecclésiastiques que séculiers, même d'environ vingt personnes, suivis encoure, le mesme jour, de plus de cent personnes, qui tous purent connoître ce que dessus, siguamment ledit précieux Sacrement et susdit reliquaire être sousbtenus en l'air miraculeusement, à la déposition desquels il se réfère, et étoit luy qui dépose présent en ladite église quand ledit révérend P. Vincent reconnut soigneusement comme tel reliquaire sur lequel étoit ledit précieux Sacrement, quoique assés pesant, étoit ainsy soubstenu en l'air; et même luy qui dépose tenoit un cierge ardent que ledit révérend P. Vincent voulut avoir pour plus clairement reconnoître si le reliquaire étoit point attaché ou accroché auxdites gennes ; qu'après avoir bien spéculé, il dit que quoique le petit croison de ladite petite croix étoit fort approchant ou touchant les fers desdites gennes, cela n'étoit battant pour retenir de tomber ou soubstenir ledit reliquaire et saint Sacrement, et qu'il tenoit cela pour miraculeux.

» Et étant interrogé si l'on avoit mis quelques lavons à l'endroit et sous ledit précieux saint Sacrement, afin que s'il tomboit il pût être retenu sans tomber à terre, dit et dépose être véritable que le lundy du matin, avant que de partir pour aller audit Vesoul, auprès desdits révérends pères Capucins, il posa luy-même à l'aide dudit sieur sacristain, par commandement dudit sieur prieur et aussi à l'aide de maître Denis Jamet, menuisier dudit lieu, un lavon de sapin et un corporal dessus à l'endroit dudit saint Sacrement, le plus dextrement qu'il fut possible, craignant d'ébranler ni les gennes ni ledit reliquaire, et étoit distant ledit lavon et corporal du bas dudit reliquaire d'environ un bon palme; bien est vrai que quand ledit révérend père Vincent, capucin, fut arrivé, voyant la distance trop grande, il fit encore mettre un missel ouvert entre les deux et le corporal sur ledit missel, tellement qu'il n'y restoit entre deux, ou dit missel et saint Sacrement, sinon environ quatre doigts.

» Dit de plus que ledit saint Sacrement et susdit reliquaire ont ainsy demeurés suspendus en l'air plus de trente heures durant;

car il y étoit encore environ les neuf heures du matin, si que présentement il est écoulé sur ledit missel dez le mardy dernier où il entendit, il descendit environ telle heure, lorsque le sieur curé de Menoux, duquel il ne sait le surnom, ayant conduit illec ses parochiens en procession, célébroit la sainte messe, siguamment lorsqu'il étoit à l'élévation du précieux corps de Dieu, ce que toutesfois il ne vit et ne sçait que par la fame publique, comme tous ceux étant à l'église publiarent à l'instant, et y avoit plus de mille personnes, à telle heure, en ladite église ; qu'est tout ce qu'il pourroit déposer, ayant dit la pure vérité et signé, de quoy il s'est soubscrit.

» *Signé :* Dom Noirot, P. Chevrotton, Morelot et Monnier, avec paraphes. »

« Bénigne Godichard, de Faverney, cousturier, huitième témoing, âgé d'environ vingt-cinq ans, souvenant de quinze de bonne souvenance, cité d'office, prins par serment qu'il a presté sur saints Evangiles corporellement touchés, dit et dépose être souvenant que lundy dernier première feste de la Pentecoste, il se trouva en l'église abbatiale de ce lieu de Faverney du bon matin, où il y avoit jà plusieurs personnes, lesquelles étoient venues en partie, comme fit ledit déposant, pour voir le cas dont le bruit courroit de l'embrasement de la chapelle en laquelle on avoit reposé le saint Sacrement pour le temps des indulgences desdites fêtes de Pentecoste; et là arrivé, vit et reconnut ce que y avoit été brûlé en l'état qu'il est de présent, et quant au sacré reliquaire sur lequel étoit enclos dans une lunette le saint Sacrement, qu'il s'étoit retiré contre les gennes de fer séparant le lieu des formes d'avec le lieu du grand autel, et étoit ledit saint Sacrement suspendu en l'air et non soubstenu d'aucune chose, ny dessous le pied dudit reliquaire ny pardessus, comme il le reconnut lorsqu'il n'y avoit encore point de barre à l'entour et qu'il s'approcha desdites gennes devers et dedans le lieu du grand autel, en le regardant soigneusement, voires que le pied ne touchoit point aux dites gennes ; et interrogé du croison, dit qu'il n'eut loisir d'y regarder, parce que l'on l'appela sur ce pour aller querre des bois pour barrer à l'entour. Sçait encore que ledit reliquaire demeura en cest estat jusques au mardy suigant, qu'iceluy déposant se retrouva en l'église environ les neuf et dix heures du matin, où il y avoit aussi grande multitude et affluence de peuple, tant de Vesoul qu'autres lieux circonvoisins de Faverney, et s'approcha de la porte desdites gennes du côté dudit sacré reliquaire, pour empescher que le peuple et la foule ne les ébranlasse, pendant quoy et au temps que le sieur curé de Menoux, venu processionnellement avec son peuple, célébroit la sainte messe au grand autel et étoit déjà à la consécration et élévation, il arriva que le cierge étant devant ledit saint Sacrement du côté où étoit ledit déposant s'éteignit par deux fois, auxquelles deux fois qui s'en suivirent l'une après l'autre de fort près, il le raluma l'une des fois à la lumière de la lampe qui étoit au mitan et l'autre fois au cierge qui étoit de l'autre côté, auquel il avoit facile accès, parce que luy étoit dedans les barres, et comme il l'eut ralumé pour la seconde fois qui étoit néanmoins la troisième qu'il avoit été ralumé, car le sieur sacristain l'avoit ralumé la première, qui toutefois s'étoit départi, recommandant audit déposant de le ralumer pour la seconde; ledit saint Sacrement et reliquaire incontinent que le cierge fut ralumé pour la troisième fois, descendit de soy-même et se coula doulcement sur le corporal que l'on y avoit mis sous l'endroit où il étoit suspendu, ayant ledit déposant fort bien reconnu avant ladite descente lorsqu'il ralumoit ledit cierge, que ledit sacré reliquaire étoit élevé dessus ledit corporal sans y toucher aucunement de quatre bons doigts de hauteur et plutost plus que moings; ce que fut aperçu aussy par plusieurs illec étans et éclairé et crié à l'instant, même ouit entre autres une femme étrangère de laquelle il ne sçait le lieu, qui joignant ses mains étant sur les barres devant le grand autel, disant: Jésus, je l'ay vu descendre; mais il sçait bien que dans lesdites barres il n'y avoit personne, et même à l'endroit desdites gennes où étoit ledit sacré reliquaire, et quant à luy, combien qu'il fut dedans, toutesfois c'étoit du côté de la table et devers la porte, et n'en pouvoit approcher comme il eusse voulu ny osé faire, sçachant bien au surplus sur ce interrogé que lesdites gennes ne furent touchées ny ébranlées lors de ladite descente, tellement qu'il croit sur ce interrogé que le cas est arrivé miraculeusement, pour ce que autrement ledit sacré reliquaire n'eusse pehu demeurer suspendu en l'air sans support aucun comme il faisoit, ce que tout le peuple aussy illec présent crut facilement; qu'est tout ce qu'il pourroit dire et déposer sur ce dehuement enquis et plus n'en dit. Ne sait écrire. »

« Mathieu Cocusse, dit Laramée, de Faverney, marchand, neufvième témoing, âgé d'environ trente-cinq ans, souvenant de vingt-cinq de bonne souvenance, cité d'office, prins par serment qu'il a prêté comme les précédents témoings, dit et dépose qu'il se trouva mardy dernier jour derrier de feste Pentecoste et d'assés bon matin, avec grande multitude de peuple étranger et du lieu qui étoient venus voir le miracle advenu en ladite église, duquel le bruit couroit déjà, par le moyen de l'embrasement de la chapelle dressée contre les gennes de fer de ladite église dans la place des formes d'icelle église, en laquelle avoit été le jour de la Pentecoste mis et posé le saint Sacrement dans un reliquaire d'argent, et de ce que ledit sacré reliquaire et saint Sacrement n'avoit été offensé dudit feu, ains avoit ledit reliquaire demeuré suspendu en l'air en devers lesdites gennes sans être aucunement soubstenu ny suporté, ny tenant à chose aucune, ou étant arrivé iceluy déposant et approché du lieu de ladite chapelle, vit clairement ledit sacré reliquaire et le précieux corps de Notre Seigneur enclos dans la lunette d'iceluy, suspendu en l'air et élevé à l'endroit d'iceluy corporal qui avoit été posé sur un petit missel ouvert, y ayant distance entre le pied dudit reliquaire et ledit corporal en hauteur de quatre bons doigts, ayant eu ledit déposant commodité de le mieux reconnoître parce que il étoit fort proche et appuyé à un tronc joignant les barres que l'on avoit mises à l'endroit de la table brûlée comme se voit encore aujourd'huy.

» Et se souvient au surplus très bien, après avoir demeuré fort longtemps en ladite église, attendant la prédication du révérend père Vincent, capucin, avoir vu, au temps que le sieur curé de Menoux célébroit la sainte messe au grand autel et étoit pour entrer à l'élévation, que l'un des cierges estant en ladite table s'éteignit par trois fois, et par autant de fois aussitôt ralumé, la première par le sieur sacristain de ladite abbaye, qui se retira aussitôt, et les deux autres par Bénigne Godichard, précédent témoing, auquel ledit sieur sacristain en laissa la charge; et que ledit cierge étant ralumé pour la troisième fois et à même temps que ledit sieur curé de Menoux faisoit en sa messe la première élévation du très sacré corps de Dieu, et qu'il le rabaissoit sur l'autel, ledit sacré reliquaire se remua et doulcement se coula sur ledit corporal, comme vit très bien le déposant avec plusieurs autres assistans, qui s'en écrièrent et disoient: Voilà le bon Dieu qui tombe! Fut très soigneux ledit déposant de considérer s'il y avoit personne vers lesdites gennes, ou si elles branloient aucunement, mais il vit très bien qu'elles n'avoient branlé ni ne branloient aucunement, et n'y avoit personne auprès d'icelles qu'ait pu faire tomber ledit sacré reliquaire ; aussi descendit-il tout droit sans branler aucunement, sinon qu'il vit la lunette branler le moins du monde à l'instant qu'il se posa, que fut aussy proprement que l'on eusse sçû faire avec la plus grande diligence et curiosité, dont tout le peuple fut fort emeu et louoit Dieu. Et après la messe dudit curé de Menoux, suivit la prédication dudit révérend père Vincent, capucin. Qu'est tout ce qu'il pourroit déposer du fait que dessus, sur iceluy dehuement enquis et plus n'en dit.

» *Signé :* Mathieu Cocusse, Chevrotton, Morelot et Monnier, avec paraphes. »

« Vénérable messire Nicolas Aubry, prêtre curé de Menoux, vingt-quatrième témoing, âgé d'environ cinquante-cinq ans, souvenant de quarante-cinq de bonne souvenance, cité d'office, prins par serment qu'il a presté sur saints Evangiles de Dieu corporellement touchés, dit et dépose que le dimanche jour de la Pentecoste derrier passée il fut et vint en l'église abbatiale de ce lieu dois le lieu dudit Menoux et vit la chapelle dressée contre les gennes de fer du chœur d'icelle église, en laquelle reposoit dans un tabernacle le saint Sacrement, et y étoit venu pour gagner les indulgences.

» Item que le lundy immédiatement subséquent, étant averti de l'accident de feu qui avoit embrasé la dite chapelle sans lézion dudit saint Sacrement, il donna ordre que ses parochiains, tant du lieu dudit Menoux que de Cubry, dussent venir le mardy suigant processionnellement en ladite église, comme ils firent pour servir Dieu dudit miracle et à l'occasion aussi desdites indulgences, où estant ledit mardy arrivé avec son peuple, entrant dans le chœur de ladite église proche lesdites gennes, il regarda attentivement le sacré reliquaire sur lequel en la lunette d'iceluy était encloz le sacré corps de Notre Seigneur, qu'il avoit vu précédemment en ladite chapelle comme sus est dit, et vit fort clairement qu'il étoit suspendu en l'air proche desdites gennes, sans toutefois qu'il y touchasse aucunement, sinon qu'il étoit un peu penché du costé desdites gennes en devers le haut d'iceluy, tellement qu'il sembloit que la petite croix d'iceluy en haut touchasse un peu lesdites gennes. Ayant au surplus bien reconnu que il y avoit un corporal mis en bas au droit dudit reliquaire, la distance en hauteur séparant l'un et l'autre d'environ quatre doigts; après quoy il s'alla présenter au grand autel pour y célébrer le saint sacrifice de la messe, pendant laquelle, comme il fut adverti à l'issue d'icelle, ledit reliquaire et de même le saint Sacrement enclos dessus s'étoit descendu de soy-même, et coulé doulcement sur ledit corporal, au vu du peuple y assistant; iceluy sieur déposant étant sorti de l'autel s'approcha du lieu de ladite chapelle et vit clairement que ledit reliquaire n'étoit plus suspendu, ains reposoit sur ledit corporal et si justement que si un sieur d'église luy eusse posé; croyant le tout être advenu par miracle et permission divine, parce qu'autrement, selon le cours de la nature, il n'eut sçu être fait. Qu'est tout ce qu'il pourroit déposer sur ce, dehuement enquis et interrogé, ayant le tout dit pour la sure vérité, en signe de quoy il s'est ici soubsigné.

» *Signé :* N. AUBRY, avec paraphe. »

« Frère George Clerget, prêtre de l'ordre de Saint-François, religieux de Provenchères, trente-septième tesmoing, âgé d'environ quarante ans, se souvenant de trente, comme il dit, prins par serment et cité d'office comme les précédents tesmoings, dépose qu'ayant entendu le bruit qui couroit du miracle advenu en l'église abbatiale de Faverney, où s'étoit brûlée et embrasée une chapelle dressée contre les gennes de fer du chœur d'icelle église, et toutefois le saint Sacrement, lequel y avoit été posé sur une table en forme d'autel, auroit été conservé du feu ensemble du reliquaire d'argent et dans lequel il étoit enclos dans les lunettes et retiré contre lesdites gennes de fer élevé en l'air et nullement soubstenu de chose aucune, iceluy déposant se transporta mardy, dernière feste de la Pentecoste de la présente année, en ladite église abbatiale, où il se trouva avec frère Claude de Marcial, aussy religieux audit Provenchères, et entré en icelle vit les reliques de ladite chapelle bruslée et le précieux corps de Dieu dans ledit reliquaire retiré contre lesdites gennes de fer, et sans toutesfois que ledit reliquaire touchât lesdites gennes, combien que la petite croix étant dessus sembloit un peu les approcher, d'autant que ledit reliquaire étoit penchant du côté desdites gennes et devers l'enhaut d'iceluy, ayant aussy bien reconnu qu'il y avoit distance de cinq bons doigts et plutost plus que moings entre le pied dudit reliquaire de l'endroit de la hauteur de la dite table, entre quoy on voit le jour clair et au travers desdites gennes, au surplus luy qui dépose célébra messe en ladite église abbatiale audit tems, comme fit aussy le dit sieur curé de Menoux, qui célébra messe au grand autel, et pendant qu'iceluy sieur curé de Menoux célébroit et faisoit la première élévation de la sacrée Hostie, luy ledit déposant étant lors en la sacristie de ladite église, ledit reliquaire s'abaissa de soymême et descendit doulcement sur un missel qui avoit été mis et un corporal à l'endroit.

» Encore qu'iceluy déposant ne vit ladite descente, mais étant sorti de la sacristie il entendit le peuple qui le tesmoignoit et disoient plusieurs l'avoir vu ainsy descendre, mais ayant regardé du côté desdites gennes, il vit que vraiment il étoit abaissé et reposoit sur ledit corporal, comme aussy le vit son dit compagnon, lequel il dit être à présent hors du monastère. Il croit que telle chose est arrivée miraculeusement, puisque ce seroit advenu contre le cours de nature, ledit reliquaire pesant, comme il croit, de plus d'un marc; et plus n'en dit fors qu'il a dit vérité, en signe de quoy il s'est icy soubsigné.

Signé : G. Clerget. »

Témoins du procès-verbal ordonné par Monseigneur l'Archevêque de Besançon, sur l'avertissement des religieux de l'abbaye.

Sarron, J. Garnier, N. Clamey, L. Noyer, Noirot, Chalons et Brenier, G. Meline, prêtre; Malbouans, idem; J. Clément, diacre; Chalons, Oudot, Mercier, R. Caboz, B. Caboz, J. Mirdondel, G. Jacquotte, Maximilien Taverny, E. Damisy, L. Caboz, dom Jean Garnier, prêtre religieux de l'abbaye ; vénérable dom Jean Sarron, prêtre-prieur et religieux en l'abbaye de Nostre-Dame de Faverney; dom Pierre Royer, prêtre-religieux ; frère Antoine-Gabriel Hudelot, novice ; frère Nicolas Brenier, acolyte; religieuse personne dom Prudent Chalon, prêtre religieux; dom Nicolas Chamey, prêtre religieux ; Bénigne Godichard, de Faverney, cousturier ; Jean de la Tour; Mathieu Cousset; vénérable messire Oudot Humbert, prêtre curé de Faverney; Etienne Caboz, laboureur; honorable Nicolas Picard, d'Amance ; vénérable messire Maurice Guyel, prêtre curé d'Amance; honorable homme Claude Lévolay, juge en la seigneurie de Faverney; Guillemin Jacquotte, Jean Mirdondel, Etienne Damisey, Bénigne Roussel et Nicolas Cheulin, tous bourgeois de Faverney ; Simon Rastoz, de Menoux ; Gaspard Briot.

Vénérable messire Aubry, curé de Menoux; Laurent Magnien, de Faverney; Claude Caboz; Claude Dutartre; honorable Bartholomé

Caboz, receveur et greffier de la seigneurie de Faverney ; Claude Bourrelier ; Jean Bourrelier ; Pierre d'Asc ; Nicolas Fert ; Georges Boulangier ; Benigne Cheulin ; Antoine Fournier ; Claude Godichard ; Isabeau Bourrelier, femme d'Antoine Bourrelier ; frère Georges Clerget, prêtre de l'ordre de Saint-François, religieux de Provenchères ; révérends pères Vincent, de Salins ; Timothée, de Dole, prêtres ; frère Ruffin, de Lyon, religieux capucin résidant au couvent de Vesoul ; Jean Compaigne, de Vesoul ; Jeanne Compaigne ; Jean Malbouhan, prêtre en l'église Saint-Georges de Vesoul ; Hubert Clément, de Saint-Lupicin, diacre à Vesoul ; honorable Melchior Mercier, bourgeois dudit Vesoul, et Oudot Mercier, son fils ; vénérable messire Oudot Belpois ; Georges Méline ; demoiselle Barbe Mercier, femme de Jacq^es Jannot, dudit Vesoul ; Antoine Mourel, de Vesoul, Jeannette Jacquet, sa femme ; Prudent Chalon, de Vesoul.

Procès-verbal du conseil archiépiscopal de Besançon, en date du 9 juin 1608.

« Le lundy neufvième de juing mil six cent et huit, en la salle du palais archiépiscopal de Besançon, se sont retrouvés au conseil archiépiscopal messieurs les chanoines Pourtier, Vuesgerent, et Boitouzet official, Mourelot, régale et premier avocat fiscal, et Monnier, secrétaire dudit conseil.

» Audit conseil archiépiscopal se sont retrouvés et ont comparu avec les susdits et susnommés seigneurs dudit conseil assemblés, révérends sieurs messires François d'Orival, archidiacre de Luxeuil, et Antoine Despoutots, tous deux chanoines de l'insigne église métropolitaine dudit Besançon ; plus révérends pères Dominique Lambert, de l'ordre des Frères prêcheurs, inquisiteur de la foy au diocèse dudit Besançon ; René Ayrault, recteur du collége dudit Besançon de la compagnie de Jésus, et Claude Guanier, de la même compagnie, professeur en théologie au même collége ; Georges Oudin, vicaire du couvent des frères Minimes dudit Besançon ; André Baird, professeur en théologie audit couvent, et frère Marcellin du Pont-Beauvoisin, prédicateur de l'ordre des Capucins, tous prêtres et théologiens, et à ce particulièrement invités et appelés, pour, avec leurs bons avis et conseil, être pesé et considéré et suyvamment déterminé ce que sembleroit sur l'information prinse par les sieurs procureur général de l'archevêché, de régale, avocat fiscal, susdits, députez de la part dudit conseil, appelé avec eux pour scribe le secrétaire d'iceluy, du cas communément jà publié pour miraculeux par bruit commun, advenu dans l'église abbatiale Nostre-Dame de Faverney, tant le jour de dymenche feste de Pentecoste derrier en la nuit, que successivement le lundy en suivant et continuellement jusques au mardy immédiat, après les neuf et dix heures du matin, ès deux hosties consacrées et posées ensemble dans la lunette, selon la coustume de ladite église, comme a été vérifié, tant à cause que ladite lunette y est large afin que une seule ne branle trop, que pour représenter des deux côtés l'image du très saint crucifix au peuple; et a été audit conseil, avec l'avis desdits révérends pères théologiens, trouvé et résolu que par l'information, verbaulx et relations des sieurs commis et autres personnages grands et ecclésiastiques avec eux ès arts où il a semblé expédient appelez, dépositions des témoins en très grand nombre, tant de religieux prêtres, séculiers que laïcs et de divers ordres religieux, dignitez et âges, comme aussi des deux sexes, il constoit suffisamment que la divine miséricorde a voulu faire voir clairement et publiquement sa très grande puissance et bonté, en ce que s'étant allumée et brûlée ladite chapelle mobile dressée en ladite église, linges, ornements et autel tant de marbre et portatif que la table et degré de bois dessoubs, ensemble le dais dessus, fors quelques petites portions de ladite table et même en devers le devant, et dudit dais le milieu de la coiffe d'en haut qui pendoit sur le saint Sacrement illec exposé au peuple venant à gagner des indulgences papales durant les jours fériez de ladite Pentecoste.

» Ce nonobstant les espèces de la sacrée Eucharistie se seroient conservées sans offense ny lézion aucune, quoiqu'elles ayent été dedans les flammes comme le tesmoignent évidemment contre les autres preuves et arguments l'altération qu'en a reçue en quelque endroit le pied du reliquaire et de la montre d'argent dans laquelle elles étaient posées, les noircissures des enchassures du thuyau de cristal en ladite montre dans la concavité duquel sont encloses quelques reliques des ossements de sainte Agathe et du papier étoupant l'un des bouts de la dite concavité sans autre altération quelconque, puis la noircissure venant de la fumée à l'entour du cercle d'argent de la lunette, dans laquelle sur ledit cristal est enclose ladite très sacrée Eucharistie, et encore la rousseur dont est d'un côté atteinte l'une des dites sacrées hosties tornant face devers les treillis de fer appelés communément gennes, séparant le chœur de ladite église d'avec le presbytéral et place du grand autel d'icelle, par le moyen de la fumée y ayant treuvé entrée par quelques petits trous dudit cercle; plus que s'étant retirés lesdites espèces avec le reliquaire et montre d'argent susdits dois l'endroit de la hauteur où ils étoient posés sur ledit autel dans un tabernacle sous ledit dais et au milieu d'iceluy assez proche desdites gennes et treillis, seroient demeurés suspendus en l'air avec ledit reliquaire et montre d'argent, sans être soubstenus ou retenus haut ou bas d'aucune chose corporelle ou visible, de la hauteur que le tout avait sur ledit marbre, sçavoir de cinq pieds de la base desdites gennes et treillis, penchant toutefois du côté d'en haut, et quasi touchant au petit lien mobile desdites gennes du milieu du bras du croison d'une petite croix du côté de l'épître, de la grosseur et longueur d'un moyen fer d'éguillette, et outre que ladite très sacrée Eucharistie ainsy demeurée suspendue de la hauteur qu'elle étoit sur ledit autel portatif, avec ledit reliquaire et montre d'argent sur lequel et tuyau de cristal susdit est posée ladite lunette sont de la pesanteur d'un bon marc, et de ce dois ledit lundy aux trois heures du matin qu'il fut ainsi continuellement vu et trouvé jusques audit mardy suivant, nonobstant divers branlemens et secousses desdites gennes, lesquelles jà de soy tiennent très mal et facilement branlent et branloient, tant par les indiscrètes approches et heurtemens du peuple, allant et venant à l'entour, et atteintes de grosses et longues pièces de bois quand on barroit avec icelles l'entour desdites gennes pour en empêcher l'approchement et jusques à ce que il eût été autrement pourvu, tenant toujours lesdits reliquaire et montre avec lesdites sacrées hosties la même situation en laquelle ils furent premièrement ledit lundy trouvés.

» Il advint aussy que, audit mardy, entre les neuf et dix heures du matin, célébrant la sainte messe au grand autel susdit vénérable messire Nicolas Aubry, prêtre curé de Menoux, venu processionnellement avec son bon peuple, au temps de l'élévation première en ladite sainte messe et instant que le sieur curé rabaissoit la sacrée hostie, ayant précédé l'extinction spontanée par trois diverses fois de l'un des cierges allumés devant ladite sacrée Eucharistie et montre ou reliquaire d'argent, susdite icelle très sacrée Eucharistie, ensemble ledit reliquaire et montre d'argent ainsi suspendus, se remuans et posans en dite positure descendirent de soy-même, branlans ny remuans lesdites gennes et treillis, doulcement sur un corporal qui avait été mis au-dessous à quatre ou cinq bons doigts près, sur un missel ouvert et ais de sapin jeté au travers et posé à l'endroit dudit sacré reliquaire, aux fins que s'il venait à tomber la chute advînt avec révérence et sans danger ; et arriva ladite descente aussi proprement et décemment les faces tournées droit tant du costel devers le peuple qui étoit par millier dans ladite église et accouru de toutes parts des lieux circonvoisins, que de l'autre devers lesdites gennes, comme si un sieur d'église l'eut manié et posé en toute révérence sur ledit corporal et sans qu'aucunes cendres ou charbons dont le pied dudit reliquaire avoit été trouvé et étoit demeuré jusques alors couvert, tombassent sur ledit corporal, qui en ladite descente demeura sans macule aucune.

» Et partant ont, pour plusieurs belles et suffisantes raisons et tout ce que pouvoit engendrer doubte et soubçon débattu et examiné, lesdits sieurs assemblés et congrégés, à cest effet déterminé que ledit cas contenoit un évident miracle à la confusion des incrédules et hérétiques, consolation et utilité du peuple vivant en la foy de notre mère la sainte Eglise catholique, apostolique et romaine, et que Sa Seigneurie illustrissime et révérendissime l'approuvant de son authorité ordinaire, et conformément aux décrets du sacré Concile de Trente, le pouvoit et devoit faire publier et reconnaître à son peuple pour tel promptement et sans dilation; afin mesme aussi de retenir l'ardeur et fervente dévotion du peuple, qui concourt déjà de soy-même à la créance de ce grand miracle. En signe et témoignage de quoi, à réquisition desdits sieurs du conseil, lesdits sieurs révérends Pères et théologiens se sont en estuy acte soubscrits et soussignez.

» Signé sur l'original : Franç. d'Orival; A. Despoutot; frère Dominique Lambert, inquisiteur général de la foy; Réné Ayrault; frère Georges Oudin, minime; Claude Garnier; frère André Baird, minime; frère Marcellin, capucin, et, comme secrétaire dudit conseil, B. Monier, avec paraphes. »

Nous ajouterons à ces pièces le mandement publié, le 10 juillet 1608, à l'occasion de ce miracle, par Mgr Ferdinand de Longwy, dit de Rye, alors archevêque de Besançon.

Mandement de Monseigneur l'Archevesque, au sujet du miracle arrivé en l'église abbatiale de Faverney, ès festes de Pentecoste.

« Du 10 juillet 1608.

» Ferdinand de Longwy, dit de Rye, par la grâce de Dieu et du saint-siége apostolique, archeuesque de Besançon, prince du saint-empire, etc. A tout le clergé et peuple de nostre diocèse, salut et bénédiction.

» La diuine Prouidence, qui dispose toutes choses sagement, préuoyant qu'aux derniers siècles, plusieurs séducteurs s'esleueroient et l'iniquité abonderoit, selon que l'arrogance et la superbe des ennemis de

Dieu (dit le Psalmiste) va toujours en montant, et que l'impiété des modernes hesrétiques s'eslanceroit jusqu'au trosne du Fils de Dieu, pour nous vouloir arracher de son siége, au saint Sacrement de l'autel sa réelle présence; cette sagesse diuine a voulu, contre la furie des géans modernes et enfans de la terre, qui ne s'arrestent qu'à leur sens et propre jugement, munir son Eglise, qui est la tour mystique de Dauid, et de mille targues et boucliers, ainsi qu'il est dict aux Cantiques, entre lesquels sont les miracles et œuures surnaturelles que le Tout-Puissant a produits pour la desfense de la réalité du corps et du sang de Jésus-Christ en la sainte Eucharistie.

» Et comme, de fraische mémoire sur ce sujet, ce grand Dieu en a produit vn solennel en cestuy nostre diocèse de Besançon, à la vue d'vn grand nombre de fidèles, nous, pendant qu'il estoit encore récent, et auant que la présomption humaine le vînt à desguiser, ou supposer en son lieu vne chose pour vne autre, pour nostre charge pastorale et pour ne point cacher la gloire des œuures de Dieu, l'auons voulu faire reconnoistre, et à ces fins, auons incontinent ordonné à nos procureur général et premier aduocat fiscal, auec le secrétaire de nostre conseil archiépiscopal, de se transporter sur le lieu, et informer à plein de tout ce qui s'en seroit passé, obseruant les formalités en tel cas requises; ce qu'ayant fait, ils nous auroient rapporté leur besogne et procédure, auec la desposition de cinquante-deux tesmoings irresprochables, par lesquels il auroit suffisamment apparu : qu'en l'ancienne église abbatiale de Nostre-Dame de Fauerney, dès quelques années, ont esté concédées indulgences par le saint-siége apostolique à tous ceux qui déuotement la visitent et fréquentent ès jours de Pentecoste; à raison de quoi, pour y exciter dauantage la déuotion du peuple, le 24 de may de l'an présent 1608, veille de ladite feste de Pentecoste, auroit esté dressé selon la coustume des années précédentes, près des treillis de fer qui séparent le presbytéral du chœur, vne table de bois en forme d'autel, parée et reuestue, tant par les costés que par le derrière, de courtines et autres ornements, et couuerte par le haut du dais ou poësle de ladite église, sur laquelle table, à vne palme près desdits treillis, auoit esté mis vn tabernacle orné de draps de soye, sur vn petit degré de bois, et dans ledit tabernacle, sur vn marbre sacré couuert d'vn corporal, auroit esté posé vn reliquaire d'argent pesant plus d'vn marc, au milieu duquel il y a vne branche et tuyau de cristal couché de sa longueur et en travers, dans lequel est vn doigt de sainte Agathe, martyre, et sur ledit corps de cristal est enté vn cercle d'argent comprenant les deux vitres dans lesquelles estoit exposé le saint Sacrement, en deux hosties consacrées ledit jour. Ce qu'ayant esté fait, seroit arriué que la nuit du jour de Pentecoste, vingt-cinquième dudit mois de may, le feu se prit et s'attacha tellement aux dits ornemens et nappes, que non-seulement il brûla les courtines et poësle dessus (hormis toutefois la partie d'iceluy qui couuroit la sainte Eucharistie), mais aussi le tabernacle et le degré de bois sur lequel il estoit posé à la partie de la table de bois qui touchoit lesdits treillis et soutenoit le tout, mesme le marbre sacré sur lequel reposoit le saint Sacrement et reliquaire tomba, et fut trouué rompu en trois pièces, et l'enchâssure d'iceluy brûlée auec la partie de ladite table, en vn brâsier sur le paué, au milieu du quel feu et embrâsement, ledit reliquaire dans lequel reposoit le saint Sacrement auroit esté non-seulement conserué sans lésions, mais encore s'estant retiré de sa place d'enuiron vne palme en deuers lesdits treillis de fer, seroit demeuré de sa mesme hauteur suspendu en l'air, sans aucun soutien, et bien que lesdits treillis fussent branlans et à tout coup rudement agités, pour être mal retenus, à cause mesme que la base de bois qui les supporte et l'vn des poteaux dans lesquels ils sont enclaués furent en partie brûlés, néanmoins ledit reliquaire et saint Sacrement, nonobstant tout mouuement desdits treillis, demeura immobile et suspendu en l'air, tout estant consumé dessous, sans estre supporté d'aucune chose que de la vertu diuine, et fut ledit reliquaire ainsi suspendu par l'espace de trente-trois heures ou enuiron, et en cette sorte vu de tout le peuple, tant de Fauerney, qui se trouua aussitost dans ladite église, que des lieux circonuoisins, qui y accoururent par milliers, et persista ainsi jusques à dix heures, ou enuiron, du matin du mardi, troisième feste de ladite Pentecoste, lorsqu'vn sieur curé voisin, venu en procession auec son peuple, sur le bruit de cette nouuelle, célébroit la sainte messe au grand autel de ladite église, en présence de grand nombre de personnes déuotement assemblées, pendant laquelle célébration vn cierge posé auec les autres deuant ledit reliquaire, s'esteignit par trois fois sans aucune cause apparente, et à l'instant de la première esléuation du saint Sacrement, et à mesure que ledit sieur curé célébrant la messe le rabaissoit, ledit reliquaire descendit de soy-même doulcement et se posa proprement sur vn missel couuert d'vn corporal, mis sur vn ais qu'on auoit auancé de quelque distance sous iceluy, à l'effet de le receuoir auec plus de réuérence, s'il venoit à tomber ; ce qui fut visiblement aperçu de plusieurs, tant hommes que femmes et enfants.

» De quoy nous estant véritablement et pleinement informé, ayant en nostre conseil archiépiscopal exactement pesé le tout et y appelé bon nombre de théologiens, canonistes et jurisconsultes, auec l'inquisiteur de la foy, et examiné sérieusement et mûrement la besogne de nostre dit procureur général et aduocat fiscal, tant en secrette information que procédure faitte par eux en présence de graues et idoines personnes, mesmement ecclésiastiques, et ayant reconnu que ce fait surpassoit le cours ordinaire de nature ; pour ne céler les merueilles de Dieu, et qui touchent au bien de toute l'Eglise catholique et consolation des fidèles, nous auons voulu assurer, et tous autres, de la vérité de ce miracle, affin de considérer déuotement et prendre garde à ce que par iceluy nostre Dieu demande de nous en cette saison, pour son honneur et gloire, et à cette occasion, et le deuoir de nostre charge, exhortons tous et vn chacun de l'vn et de l'autre sexe de nostre diocèse, de besnir et de louer Dieu en toutes ses œuures, particulièrement en celle-cy tant miraculeuse, et se confirmer dauantage en la foi et réuérence de ce saint Sacrement, se rendre dignes des grâces et faueurs qui se communiquent auec les préparations requises. Recommandons du surplus à tous les preslats, pasteurs des âmes et autres ecclésiastiques, tant séculiers que réguliers, de nostre diocèse, d'estre fort vigilans en ce qui concerne le culte et piété de ce saint Sacrement; que les églises, autels, calices, ciboires, tabernacles et autres ornemens soient propres et bienséans, comme ce tant haut mystère le requiert, et quand la nécessité sera de le porter aux malades, qu'il soit fait auec le respect dû à la majesté diuine, et qu'il soit conuenablement suiuy et accompagné; exhortant encore à cet effet les confréries dressées à l'honneur de ce saint Sacrement; surtout enjoignons, quand il sera exposé publiquement sur l'autel, qu'il y ait continuellement quelqu'vn en l'église, tant pour faire prières que pour remédier aux incidents qui pourroient suruenir, priant Dieu de tout nostre cœur qu'il lui plaise tourner ce miracle à sa plus grande gloire, à la conuersion des hesrétiques, au bien vniuersel de son Eglise et défense de la vérité, et particulièrement au bien de nostre diocèse, au repos et bonheur de tous les princes chrétiens, nommément de Leurs Altesses Sérénissimes, ès terres et seigneuries desquelles ce tant signalé miracle est arriué, à la consolation et esdification de tout son peuple, et à l'augmentation de grâces, vertus et déuotions à vn chacun de nous.

» Donné à Besançon, en nostre conseil archiépiscopal, le dixième juillet, l'an de grâce seize cent et huit. Par ordonnance de mondit seigneur illustrissime et réuérendissime archeuesque (1). »

---

(1) La fête commémorative du miracle de Faverney a lieu chaque année, le lundi de la Pentecôte. L'empressement des populations voisines à s'y rendre, les prêtres qui y arrivent en foule, la solennité des cérémonies de l'Eglise et de la procession, la musique, ie chant des cantiques, la beauté même de la saison, tout enfin semble se réunir pour exciter ou entretenir l'enthousiasme des fidèles et rehausser l'éclat de cette fête, où le sentiment religieux domine. Il est facile de voir en cette circonstance que la foi au miracle n'a point

Si nous avons mis sous les yeux de nos lecteurs ces différentes preuves de l'authenticité du miracle, c'est plutôt pour satisfaire leur curiosité que pour fortifier leur foi, car l'histoire de la sainte Hostie est une suite de miracles dont les habitants de Faverney furent témoins. Nous raconterons dans un des chapitres suivants la vénération dont elle fut constamment l'objet, et comment, après avoir traversé les plus mauvais jours de la Révolution, sauvegardée par la foi, l'amour et le respect de nos pères, ce précieux trésor vint s'abriter de nouveau à l'ombre du tabernacle de notre église bien-aimée.

diminué. A l'issue des offices de ce jour, on donne la sainte Hostie à baiser à tous ceux qui se présentent, et cette cérémonie dure quelquefois plus d'une heure.

CHAPITRE IV.

DON DE L'UNE DES HOSTIES MIRACULEUSES A LA VILLE DE DOLE.

Les archiducs Albert et Isabelle sollicitèrent les Bénédictins de Faverney de donner à la ville de Dole une des Hosties miraculeuses, car, dit Boyvin « puisque la prouidence impénétrable de l'ouurier auoit choisy la Franche-Comté de Bourgougne pour y placer le *chef-d'œuure de ses ouurages*, il semble que la prudence humaine ne pouuoit ensuite destiner vn lieu plus sortable pour exposer à la vuë ce joyau précieux, que la ville de Dole, qui est la capitale de la mesme prouince. » Dom Alphonse Doresmieux, de pieuse mémoire, et les autres religieux, consentirent à leur accorder cette faveur, à la condition *expresse* que les abbés de Faverney porteraient la sainte Hostie à la procession qui devait se faire chaque année à Dole le mardi après la Pentecôte. L'histoire rapporte que cet article souffrit bien des difficultés de la part du chapitre de Dole, mais que dom Coquelin, en ayant triomphé, y fut maintenu par arrêt du 5 décembre 1744.

Boyvin raconte encore, dans son style pittoresque « les moyens dont on s'est seruy pour obtenir à la ville de Dole vne des Hosties miraculeuses ; comm'elle y a été apportée et reçue. » Peut-être sera-t-il agréable à nos lecteurs de trouver ici quelques passages de cette intéressante relation. En voyant la foi, l'enthousiasme et la joie de la ville de Dole à l'acquisition de « ce joyau précieux, » les habitants de Faverney s'estimeront plus heureux encore d'avoir conservé jusqu'à ce jour la sainte relique qui fait aujourd'hui leur orgueil.

C'est ainsi que Boyvin s'exprime en parlant de la ville de Dole :

« Elle auoit à souhaiter quelques motifs extérieurs et extraordinaires, qui, en guise de feuilles verdoyantes, conseruassent les fruits de sa déuotion. Elle auoit besoin de quelqu'objet releué par dessus le commun, qui rallumat de temps à autre sa ferueur et qui eut les pieux sentimens de ses citoyens et de tout le voisinage, quand la bonté diuine lui offrit l'occasion des Hosties miraculeuses de Fauerney : elle ne fut pas nonchalante ny paresseuse à l'embrasser.

» Comme elle eut fait rencontre de cette pierre précieuse, elle se résolut, à l'exemple du marchand lapidaire que l'Euangile nous propose, de n'épargner aucune chose pour en pouuoir faire emplette à quelque prix que ce fût. Pour auoir vn puissant moyenneur de ce commerce, elle crut qu'elle n'en pouuoit choisir aucun qui fût plus autorisé ny plus affectueux que le sérénissime archiduc Albert, lors prince souuerain des Pays-Bas et de la Franche-Comté ; prince d'immortelle mémoire, en qui la piété et la justice, la prudence et la débonnaireté marchoient d'vn pas égal, et qui pour ses royales et héroïques vertus, se faisoit aimer et admirer par ses ennemis mesmes; de qui l'on pouuoit dire auec vérité ce que les plus complaisans orateurs ont publié des autres par flatterie ; en vn mot, qui dressoit tellement ses actions à la règle et au niueau, qu'il pouuoit seruir de prototype pour contretirer l'idée d'vn prince très accomply. Le parlement et le magistrat de la ville, conspirans à cette sainte entreprise, députèrent vn personnage plein d'adresse et de discrétion auprès de Son Altesse Sérénissime, pour la supplier en tout respect de leur accorder et procurer la garde de ce gage inestimable, qui leur seruiroit de *palladium* et de bouclier sacré pour les conseruer inuiolablement en l'vnion de l'Eglise catholique et en l'obéissance de leur prince légitime. Leur requette fut très agréable au sieur archiduc, auquel la déuotion enuers le très adorable Sacrement, qui a toujours été familière à ceux de sa très auguste et très catholique maison, brilloit d'un éclat particulier. Il voulut en ce louable dessein se rendre suppliant enuers son sujet, auquel il faisoit scrupule de commander en matières religieuses et spirituelles. Il en écriuit donc à dom Alphonse Doresmieux, lors abbé de Fauerney, et témoigna par ses lettres, qui étoient toutes confites en piété et en tendresse d'amour pour sa ville de Dole, le contentement qu'il receuroit, si l'vne des deux Hosties que Dieu auoit tout nouuellement illustrées de merueilles, y estoit transportée, affin qu'elle y parust auec plus de lustre pour la gloire de son auteur.

» Le prélat, qui ne pouuoit résister à ce doux effort, luy céda volontiers, et après quelques entreuues et pourparlés, accorda la demande du magistrat, aux conditions qui furent liées par vn contrat solennel, à sçavoir qu'en reconnoissance de ce signalé bienfait, l'Hostie qu'il déliureroit seroit appelée l'Hostie miraculeuse de Fauerney en toutes inscriptions et actes publics et particuliers à perpétuité ; que l'abbé de Fauerney présent et à venir seroit inuité chaque année de se trouver à la procession solennelle où la sainte Hostie seroit portée en pompe par la ville de Dole, pour auoir l'honneur de la porter luy-mesme et de célébrer les offices pontificalement auec la mitre et la crosse d'abbé ; que l'on feroit grauer sur des tables de marbre le sommaire récit du miracle et de la translation, tant en l'abbaye de Fauerney qu'en la chapelle qui seroit bastie dans l'église de Dole pour y déposer ce gage précieux ; que tous les ans, au jour mesme de la concession, on célébreroit, en l'église de l'abbaye, vn service anniversaire, fondé et doté des biens de la ville de Dole, laquelle procureroit de plus, que toutes les grâces et indulgences qu'elle impétreroit du saint-siége pour sa sainte chapelle, en considération de ce mystérieux prodige, seroient communes à la chapelle de l'abbaye où il s'estoit premièrement descouuert.

» Après ces conuentions arrestées et approuuées par tous les ordres de la ville, ils désirent tous, d'vne pieuse impatience, d'en aller bientost cueillir les fruits. A cet effet, vne troupe de cent hommes à cheual partit de la ville le quinzième de décembre de la mesme année 1608, pour aller à Fauerney, qui en est distant de quinze à seize lieues de chemin, affin de receuoir auec le respect et les sentiments de piété conuenables à vn si haut mystère, et accompagner jusque dans la ville, celle des deux Hosties miraculeuses que le Réuérend Père Abbé leur confieroit. Cette compagnie étoit composée des deux cheualiers du parlement, seigneurs principaux de la prouince; des deux conseillers ecclésiastiques, et d'autres séculiers du même corps, du sieur doyen et de seize tant chanoines que familiers de l'église collégiale de Notre-Dame ; de deux professeurs de l'Vniversité ; d'vn maître et d'vn auditeur de la chambre des comptes ; du vicomte mayeur de la ville, auec cinq députés du conseil ; d'enuiron soixante et dix signalés bourgeois, écuyers, auocats, procureurs, marchands et autres d'honnestes conditions, sans faire état du train qui les suiuoit à pied. Ils arriuèrent à Fauerney le troisième jour, et allèrent descendre au deuant de l'église de l'abbaye, où ils entrèrent tous pour y adorer les saintes Hosties, pour leur rendre vn million de grâces, et pour leur offrir les cœurs de la ville.

» Le lendemain, après s'estre tous confessés et communiés à la messe qui fut solennellement chantée auec vne agréable et déuote musique, ils virent mettre l'hostie destinée pour Dole, entre deux corporaux et deux coussinets de taffetas, dans vn coffret de velours cramoisy bordé de galons d'or, auec les ferrements, serrures, clefs et clous dorés qu'ils présentèrent à ce dessein, et reposèrent sur le grand autel, jusqu'après midy, que ce joyau de prix inestimable fut liuré par le Réuérend abbé, reuestu des ornemens de sa dignité, au doyen et au mayeur de la ville de Dole (1). Ceux-cy joints à toute leur suitte, l'acceptèrent au nom du corps de la ville auec la sainte allégresse et les cordiaux remerciements qu'on se peut imaginer, et au sortir de l'église, firent mettre le coffret et son adorable dépost dans une litière qu'ils luy auoient préparée ; elle estoit reuestue dedans et dehors de damas cramoisy chargé de clinquans et bordé de franges d'or, ayant le dosme à l'impériale

---

(1) La sainte Hostie fut remise à Edmond Boutechoux, doyen de l'église collégiale et premier conseiller-clerc du parlement, en présence de Charles baron de Montfort, d'Ermenfroi baron d'Oiselay, chevaliers d'honneur au parlement, de Claude Froissard, chanoine de l'église métropolitaine et conseiller-clerc en ladite cour, etc.

auec ses pommes dorées, et au dedans les carreaux de velours. Elle estoit portée par deux cheuaux couuerts d'escarlate, et conduitte par quatre estaffiers auec longues casaques de même liurée, et autres quatre de semblable parure, qui portoient chacun vne grande lanterne montée sur vne longue hante, et des flambeaux allumés au dedans, allans toujours aux quatre coins de la litière.

» Ainsi marchoit pompeusement cette véritable arche d'alliance, au milieu du clergé, dont douze l'accompagnoient toujours à pied, psalmodiant le long du chemin. Le reste de la compagnie demeuroit à cheual, répartie en deux troupes, dont l'vne lui seruoit d'auant-garde et l'autre d'arrière-garde.

» Ce fut vne chose agréable et digne de remarque de voir le peuple de Fauerney y accourir, et d'entendre à la sortie du bourg, la populace, oublieuse de ce qui lui restoit, et touchée du sentiment de la perte qu'il lui sembloit faire, s'écrier d'vne tendresse d'affection et de déuotion : Hé ! bon Dieu, pourquoy nous quittez-vous ? Pendant le voyage, au lieu où le conuoy s'arrestoit pour prendre le disner, et le soir pour y passer la nuit, on reposoit le très auguste Sacrement dans l'église de la paroisse, où il estoit gardé, veillé et adoré par nombre de voyageurs à ce destinés, qui rendoient alternatiuement cet office et prioient continuellement à genoux deuant l'autel. On voyoit par la campagne, sur le chemin, le peuple des bourgs et des villages, y arriuer de toutes parts et venir à la rencontre auec des processions fort déuotes, qui grossissoient le conuoi et lui faisoient escorte jusqu'au lieu du prochain repos.

» Sur l'auis que l'on eut à la ville, par des auant-coureurs qui furent expressément enuoyés, que la sainte Hostie estoit non-seulement accordée, mais en chemin, on en fit bientost éclater l'allégresse par le son et le carillonnement de toutes les cloches, et par autres signes d'vne pieuse resjouissance.

» Quand elle fut à demi-lieue près de la ville, on y prépara la procession la plus solennelle qu'on y eût jamais vue, pour aller accueillir vn hoste tant désiré. Les jeunes filles marchoient les premières après le confanon, voilées et vestues de blanc, qui entonnoient doucement les litanies de la Vierge immaculée. Les escoliers du collége les suiuoient et alloient chantans auec mélodie celles du très saint Sacrement, ensuitte les P. Capucins, et après eux les Cordeliers de l'obseruance, couuerts de leurs plus riches chappes, parmy lesquels il y en auoit six qui portoient deux à deux, auec des brancards, sur leurs épaules, trois grands reliquaires d'argent. Plusieurs curés et autres ecclésiastiques des lieux voisins portoient de la mesme sorte les images d'argent et autres reliques de la ville. Tout le reste du clergé marchoit après et estoient tous reuestus de leurs grands manteaux de drap d'or et de soye, enrichis de broderies.

» Le chœur des musiciens tenoit le milieu. Ils alloient psalmodians alternatiuement auec la musique, qui faisoit retentir parmy la douceur et la variété des voix et des instrumens, ce verset interlocutoire : « Mon Sei-
» gneur et mon Dieu, que la gloire de votre
» nom est admirable parmy toutes les nations
» qui habitent la terre ! »

» Le corps du parlement suiuoit immédiatement les ecclésiastiques, ayant son chef président à la teste, signalé par ses ornemens royaux et son mortier de velours, couronné d'vn cercle d'or qu'il portoit à la main. Le magnifique recteur de l'vniversité tenoit rang à sa gauche, auec sa longue robbe d'écarlatte, et le chaperon doublé d'hermine au col.

» Ils estoient deuancés à l'ordinaire des quatre huissiers de la cour et du bedeau général de l'vniversité, qui portoient leurs masses d'argent. Après tous ceux du parlement, brillans par la splendeur de la pourpre dont ils estoient parés, le reste de l'vniversité suiuoit, et puis la chambre des comptes, les officiers du bailliage et le magistrat de la ville, distingué par ses quatre sergens à baguettes, vestus de leurs liurées ordinaires. Tous ceux des corps auoient chacun le flambeau de cire blanche allumé, le surplus du peuple venoit après; les hommes les premiers et les femmes ensuitte, tout cela suiuant deux à deux auec grande déuotion, silence et modestie.

» La procession passa de cette sorte jusqu'au village de Breuuans, à demi-lieue de la ville, où elle rencontra la troupe qui conduisoit la litière, en l'attente de son agréable charge, qui auoit été déposée dans l'église du lieu. L'abbé de Fauerney, qui l'auoit toujours suiuie, se reuestit promptement de ses ornemens abbatiaux, et ayant à ses costés deux siens religieux reuestus de tuniques, chargea réueremment entre ses bras le coffret où estoit l'hostie miraculeuse, et se vint mettre sous vn dais de drap d'or porté par le mayeur et par les trois plus anciens qui l'auoient deuancé en la mesme magistrature. Tous ceux qui auoient fait le voyage de Fauerney, ayant mis pied à terre, se séparèrent, ceux qui estoient des corps principaux, prenant les ornemens de leurs offices, se joignirent à leurs confrères pour marcher au mesme rang; tous les autres estans encore auec les bottes et les esperons, l'espée au costé et le flambeau blanc à la main, se mirent deux à deux immédiatement après le dais et la litière qui le suiuoit auec ses estaffiers et porte-flambeaux. Quarante hallebardiers venus de la ville, fort bien enharnachés, auec plastrons de cuirasse deuant et derrière, l'escharpe rouge dessus et la pertuisane dorée, la hampe garnie de velours cramoisy à crespine de soye et de fil d'or sur l'espaule, se vinrent aussitôt ranger de l'vn des costés et de l'autre du poesle, comme pour luy servir de garde royale.

» Douze jeunes garçons de l'aage de dix à douze ans, des meilleures familles de la ville, vestus de longues casaques de velours et d'armesin rouge, chargées de larges clinquants d'or, et au reste très somptueusement et richement parés, le flambeau en main, prirent le deuant pour y faire l'office de pages.

» Quatre jeunes seigneurs allemands, tous comtes et barons, qui estudioient lors à Dole, couuerts à l'auantage de mesme liurée, se placèrent aux quatre coins du dais, portant chacun vne grande coupe dorée à vermeil fumante de l'encens et des parfums qui brûloient dedans. En mesme tems s'auancèrent six enfans musiciens très proprement et magnifiquement habillés en anges, qui entonnèrent mélodieusement par trois fois: Soyés béni, vous qui venés au nom du Seigneur ! Louange au fils de Dauid !

» Cependant, toutes choses estant disposées et tout le peuple en ordre, la procession retourna deuers la ville en grande magnificence et déuotion, par le grand chemin royal, qui auoit esté soigneusement nettoyé, reparé et esgalé.

» Dès aussitost que le poesle parut à la portée du mousquet, il fut salué de vingt-quatre volées de canons, dès les deux bouleuards royaux qui regardent de ce costé-là, et ensuitte les cloches de toutes les églises commencèrent de retentir et de redoubler leurs carillons.

» A l'arrivée de l'Hostie sacrée sainte entre les deux corps de garde de la porte qu'on appelle de Besançon, elle fut tirée hors du coffret et mise à descouuert entre deux cristaux, dans un riche ciboire, et portée par le preslat sous le pauillon ; et au mesme instant vn jeune homme vestu en nymphe, la cotte de velours rouge cramoisy parsemée de soleils d'or, la jupe d'armesin bleu céleste chargée de lyons et de billettes recammées d'or, la teste ornée des plus riches et des plus rares joyaux de la ville qu'elle représentoit, s'auança et se prosternant réuéremment à deux genoux auec de profondes inclinations, prononcea d'vne modeste hardiesse vn panégyrique des merueilles de l'Hostie miraculeuse, l'inuitant de venir prendre son logement dans l'enclos de ses murailles, de receuoir les cœurs qu'elle lui offroit de tous ses déuosts et fidelles bourgeois, la suppliant en très humble respect de les daigner prendre sous son inuiolable protection; et sur ce discours, elle fit auancer vn jeune enfant accompagné de six autres qui portoient les clefs des portes de la ville, attachées d'vn cordon de soye cramoisy, dans vn grand bassin d'argent doré, qu'ils présentèrent en très grande réuérence à l'ineffable Sacrement, et puis tous ensemble, d'vn mélodieux concert, firent retentir jusqu'à trois fois : Soyés béni, vous qui venez au nom du Seigneur, louange au fils de Dauid ; et finissans, se mirent à la suite du dais. »

Les bornes de cet ouvrage ne nous permettent pas de suivre plus loin cette magnifique procession, ni de citer les devises composées par Boyvin, ingénieux ordonnateur de ces fêtes splendides. L'entrée de la sainte Hostie à Dole fut une religieuse ovation à laquelle prirent part les plus riches comme les plus pauvres habitants de la ville. L'enthousiasme du peuple était à son comble et s'exhalait à chaque pas de cette marche triomphale. Il fut décidé que l'on bâtirait une chapelle en l'honneur de l'Hostie miraculeuse, et ce projet fut mis à exécution l'année suivante.

Moins heureuse que l'église de Faverney, celle de Dole ne put recouvrer le précieux trésor, qui lui fut enlevé pendant la révolution ; mais elle n'en fait pas moins chaque année la fête commémorative du miracle de la sainte Hostie, pour laquelle le peuple de cette ville a toujours montré une dévotion particulière. La sainte chapelle de l'église de Dole, spécialement consacrée au culte de ce souvenir, vient d'être réparée par les soins de M. l'abbé H. de Vaulchier, curé de cette ville.

La sainte chapelle de Faverney, érigée en mémoire du miracle, fut ajoutée en 1626 à l'église abbatiale. Sans doute, elle s'enrichit alors des dons des fidèles ; mais à l'époque de la révolution de 1789 tout disparut, et la sainte Hostie seule fut encore une fois sauvée miraculeusement, comme nous le raconterons par la suite. Il y a cinquante ans à peu près que la sainte chapelle fut murée et l'autel avancé dans le transsept. En 1860, M. le chanoine Saguin, alors curé de Faverney, obtint que l'église fût rendue à son style primitif. Il fut admirablement secondé dans son zèle et sa sollicitude par le bon vouloir de l'autorité locale, qui se fit une gloire de conserver à ce vieux monument tout son caractère. Il est à regretter que l'église de

Faverney, déclarée monumentale sous le gouvernement de Louis-Philippe, ait cessé de recevoir les secours envoyés par le ministère pour sa restauration. La Franche-Comté, si pauvre en églises gothiques, eût pu s'énorgueillir alors de ce monument. Toutefois, malgré la privation des secours du gouvernement, nous espérons voir s'accomplir peu à peu les travaux les plus nécessaires à la conservation et à l'embellissement de l'église. Déjà la sainte chapelle est rendue au culte depuis le 30 octobre dernier, et la divine Hostie a repris possession du tabernacle de son autel; un autre sanctuaire, consacré à Notre-Dame, a été rouvert également (1); des vitraux peints, des manufactures de Metz et de Strasbourg, embellissent le chœur, le

(1) L'image de Notre-Dame de Faverney est miraculeuse. Dom Maximilien de Poinctes de Gevigney, religieux et sacristain de l'abbaye depuis 1569 jusqu'en 1593, a laissé une liste de 489 enfants morts-nés, qui avaient reçu le baptême après avoir donné des signes de vie devant cette image.

transsept et les chapelles latérales ; un orgue, accordé à la demande de M. Saguin, par la fabrique et l'administration municipale, témoigne aujourd'hui de l'affection des habitants de Faverney pour leur ancien pasteur et de leur empressement à satisfaire ses désirs. La paroisse de Faverney ne peut oublier que c'est à l'initiative de M. Saguin, à son activité et à son zèle infatigable, qu'elle doit la conservation et la restauration de l'église, et chacun de ses habitants gardera dans son cœur le souvenir reconnaissant des bienfaits de ce vénéré pasteur.

CHAPITRE V.

LA CONFRÉRIE DU SAINT-SACREMENT DE MIRACLE.

On érigea une confrérie en l'honneur de l'Hostie miraculeuse dans l'église abbatiale de Faverney, et le pape Paul V lui accorda des priviléges, le 15 juillet de l'année suivante. Jalouses de témoigner de leur foi, de leur admiration et de leur enthousiasme pour un aussi grand prodige, les familles les plus illustres et les plus distinguées voulurent faire inscrire leurs noms sur le catalogue de cette confrérie. Nous avons sous les yeux ce précieux document, dont la première page date de l'an 1609. Nous y voyons, entre autres :
1609, les Grandmont, Ceroz, Vergy, Jacque-

lin; 1610, Saint-Mauris, de Houx, Conflans, Friant, de Ronchamp; 1618, Choiseul, Watteville;1619, Grandmont, de Rey, d'Amandre, de Friant; 1634, Lusbourg, Schauenbourg; 1696, Vaudrey, Montrichard ; 1700, Massol, Clermont-Tonnerre, Courtivron, de Gustine, de Choiseul; 1703, Vaudrey-Valleroy, du Châtelet, de Saunoy, de Genevrey, de Montrichier, du Fahy, de Faudoas, de Breuille, de Chambellain, de Saint-Supplix, d'Autrey, de Champvallon, de Rabodange, de Cantenay, d'Aly de Damas; 1656, Watteville, de Scey; 1759, Rathsamhausen, d'Andlau, de Franchet de Rans, de Duché; 1761, de Girardi, de Lavau, de Lavié, de Vesin, comtes de Montjoie, Grivel, d'Andelarre, de Sonnet, de Bermont, etc. La plupart de ces seigneurs sont inscrits avec leurs femmes et leurs enfants.

On voit d'après cette liste que la renommée du miracle s'était étendue bien loin, car plusieurs de ces noms n'appartiennent point à la province. Il est à remarquer aussi qu'un certain nombre d'officiers du régiment de la Wiefville-cavalerie, sans doute en garnison à Faverney, furent inscrits ensemble, et que plusieurs habitants du pays s'enrôlèrent dans cette confrérie à l'époque même de la Terreur.

Nous dirons dans une autre partie de cet ouvrage quels furent les priviléges accordés à la confrérie de la sainte Hostie du miracle.

« La ville de Faverney, dit le religieux si souvent cité, a puisé plus d'une fois à la source des grâces dont elle est dépositaire. Elle ressent particulièrement la protection du Ciel dans les incendies. Celui qui s'éleva au-dessus des flammes, en triomphe encore, quand il lui plaît, pour le bonheur de ceux dont il favorisa les ancêtres. Déjà le tiers de la ville était consumé en 1726, et un vent impétueux dirigeait vivement les flammes sur le reste de la ville. Elles retournèrent sur leurs pas lorsqu'on leur opposa l'Hostie miraculeuse; le même prodige se renouvela en 1753. »

A l'époque de la révolution, la sainte

Hostie, parfaitement conservée et intacte, n'avait point cessé de reposer dans le tabernacle de l'église abbatiale. C'était à ses pieds que nos ancêtres portaient leurs adorations, leurs louanges, leurs douleurs et leurs misères. Les cœurs n'avaient point faibli; la foi était alors chez presque tous aussi vive, aussi forte qu'aux premiers jours. Pourtant quelques soldats de la garnison, poussés par le démon de l'impiété et entraînés par la cupidité, s'élancent un jour à l'église, prêts à porter sur le tabernacle bien-aimé leurs mains profanes et sacrilèges, quand le maire de la commune, M. Jean-Nicolas Bourgeois, les somme, au nom de la loi, de se retirer et s'empare lui-même de la sainte relique. Après l'avoir gardée plusieurs jours dans sa maison, il la porta à la municipalité, où elle fut conservée jusqu'au 14 juin de l'année 1795, jour où elle fut rendue au culte.

Voici le procès-verbal dressé à cette occasion. Cette pièce est assez curieuse pour intéresser nos lecteurs, et je pense leur être agréable en la transcrivant.

« Au nom de Dieu. Amen.

» Comme il soit qu'en mil sept cent nonante-quatre le culte catholique aurait été entièrement proscrit et les églises fermées pendant le cours d'une année ; que les effets y contenus, même les hosties consacrées, auraient été portées à la maison commune par les membres de la municipalité alors en exercice ; qu'ensuite les cultes auraient été rendus libres en mil sept cent nonante-cinq, par une loi émanée de la Convention nationale,

» Nous, prêtres et fidèles composant la commune de Faverney, nous nous serions assemblés dimanche quatorze juin de la présente année mil sept cent nonante-cinq, à l'heure de neuf du matin, à l'effet de célébrer et assister aux saints mystères.

» Le citoyen Longchamp, homme de loi

et maire de cette commune, aurait apporté de la municipalité et déposé sur une table placée sous le portail de notre église, une boîte de sapin longue d'environ un pied, ficelée et cachetée.

» Je soussigné, Jacques-François Maugras, prêtre et bénédictin supprimé, déclare qu'avant de célébrer la sainte messe, à l'invitation du citoyen Nicolas Millerot, curé de Faverney, présent à la cérémonie, mais ne pouvant officier lui-même tant à cause de ses infirmités que de son grand âge, de son autorité je me serais transporté processionnellement, accompagné des citoyens Claude-François Mirlin, Etienne Mirlin, Charles Roche, Charles Martin, tous prêtres demeurant à Faverney, au lieu où le citoyen maire aurait déposé la boîte plus haut mentionnée. Que l'ayant ouverte en présence des prêtres et du peuple assemblés, j'y aurais trouvé une bourse et dans cette bourse :

» 1° Dans un petit morceau de papier l'Hostie sacrée dont Dieu se servit en mil six cent huit, aux fêtes de Pentecôte, pour opérer dans l'église abbatiale de Faverney ce prodige admirable, qui sera à jamais une preuve incontestable de sa présence réelle dans l'eucharistie et un monument authentique de la honte de l'hérésie ;

» 2º Deux hosties majeures enlevées des soleils qui les enfermaient ;

» 3º Nombre de petites hosties tirées d'un ciboire où elles reposaient.

» Le tout dûment reconnu et examiné, tant par les prêtres que par le peuple à qui l'Hostie miraculeuse *surtout* aurait été ouvertement montrée pour la plus grande publicité et pour ôter tout soupçon de fraude et de supercherie, je l'aurais déposée dans une petite pyxide d'argent, et après en avoir donné la bénédiction, nous serions retournés dans le même ordre que devant au maître-autel de l'église actuellement paroissiale, et l'aurais renfermée avec la décence qu'exige un dépôt aussi auguste dans le tabernacle dudit autel, en attendant que celui d'où elle aurait été enlevé et où elle aurait reposé pendant nombre d'années soit entièrement rétabli. De tout quoi nous avons dressé le présent verbal, les an, jour et mois que dessus, et avons signé, l'Hostie sacrée et miraculeuse présente et exposée à la vue de chaque signant. » *(Suivent les signatures.)*

L'authenticité de l'Hostie miraculeuse fut donc parfaitement prouvée et reconnue. Ce fut chose facile. Elle est beaucoup plus petite que celles qu'on place ordinairement dans les ostensoirs ; de plus, elle était déjà alors de cette couleur rousse qui fut toujours attribuée au temps et au voisinage des flammes dont elle a été entourée.

Pendant l'été de l'année 1815 la foudre tomba sur une maison de Faverney ; la frayeur et le désespoir étaient au comble, car sept maisons voisines étaient devenues en peu d'instants la proie des flammes. Ma mère fit prier M. Bidau, alors curé de cette paroisse, de vouloir bien porter la sainte Hostie sur le lieu de l'incendie. Obéissant à cette pieuse inspiration, il s'y rendit en effet avec la précieuse relique; à son approche, les flammes, qui menaçaient d'envahir les maisons voisines, se concentrèrent sur celle qui était devenue leur dernière proie, et bientôt après l'incendie fut éteint.

L'habitant de Faverney est fier et robuste dans sa foi; il craint peu les fléaux, car il sait comment les conjurer, et il n'est point rare de l'entendre dire : « Nous ne craignons rien, nous avons *notre* sainte Hostie [1]. »

---

[1] Pendant la dernière invasion du choléra il y eut à Faverney un assez grand nombre de victimes de cette maladie; le peuple effrayé, demanda avec instance à M. Saguin de porter la sainte Hostie en procession ; il se rendit à ce vœu, et depuis ce moment le fléau cessa ses ravages et il n'y eut plus un seul décès à constater.

L'église abbatiale, reste imposant des grandeurs passées, s'élève encore aujourd'hui dans toute sa sévère beauté. Après avoir parcouru les bâtiments dégradés et pour la plupart ruinés, qui furent autrefois l'illustre et splendide abbaye dont nous avons donné l'histoire bien abrégée, l'œil aime à se reposer sur ce vieux monument d'un autre âge. Pénétrons vers le soir sous ces arceaux gothiques, et, guidés par la seule lampe du sanctuaire, foulons ce sol béni et approchons. Là, dans une petite chapelle placée à gauche du chœur, repose l'auguste relique de la sainte Hostie conservée dans les flammes. Prosternons-nous, adorons en silence le Dieu de l'Eucharistie, et, entraînés par une sainte rêverie, laissons notre imagination repeupler le divin sanctuaire. Tournons nos regards vers l'autel où s'opère le prodige ; contemplons l'ostensoir suspendu dans l'espace sans aucun support; prêtons l'oreille au son argentin de la petite clochette invisible, et, remplis d'émotion, suivons les mouvements de la sainte Hostie, voyons-la se poser doucement sur le corporal préparé pour la recevoir, et entonnons avec les pieux Bénédictins un magnifique *Te Deum*.

Echos de la voûte sacrée, vous avez répété ces sublimes accents de la reconnaissance, vous les avez portés jusqu'au trône du Dieu trois fois saint; puissiez-vous les redire toujours!

O peuple béni de Faverney! ne laissons point dans la solitude le Dieu qui s'est si merveilleusement manifesté à nous! Que la sainte chapelle du miracle soit toujours l'objet de notre sollicitude! Que nos dons viennent l'embellir et qu'elle soit un jour le riche écrin d'un magnifique joyau.

Invitons nos frères moins heureux à venir partager notre bonheur et disons à tous :

Pécheurs qui avez bu à la coupe amère des plaisirs du monde et qui vous êtes rassasiés de ses joies sans douceur, venez dans ces murs goûter avec nous, à l'ombre de ce tabernacle, combien le Seigneur est doux.

O vous qui succombez sous le poids de la douleur, venez et vous serez consolés ! Prêtre de Dieu, pasteur commis à la garde d'un troupeau, venez ici comme saint François de Sales, et vous serez éclairé de la divine lumière [1].

Faibles qui chancelez, malades qui souffrez, venez, vous serez fortifiés et guéris.

Vous qui, le front courbé dans la poussière, marchez sans cesse dans la voie rude de la pénitence, venez adorer le Dieu des miséricordes, venez avec le père Hermann rendre hommage à Jésus Hostie dans l'église du miracle.

---

[1] Saint François de Sales vint en pèlerinage à Faverney peu de temps après le miracle.

Voyageurs curieux et avides de merveilles, prenez aujourd'hui la gourde et le bâton du pèlerin et venez contempler ici la plus grande merveille du monde, venez, reposez-vous aux pieds de nos autels, apportez-y le tribut de vos adorations et de vos louanges, et répétez avec nous dans un pieux élan d'amour et de reconnaissance : Loué et adoré soit à jamais le très saint Sacrement de l'Autel !

Pour conserver perpétuellement parmi les fidèles la mémoire du grand miracle arrivé en l'église de Faverney, Mgr François-Joseph de Grammont, archevêque de Besançon, institua la fête du 30 octobre, et il ordonna qu'elle serait célébrée dans tout le diocèse sous le rit de double majeur. Aujourd'hui elle se trouve élevée au rit des fêtes de troisième classe.

Si les fidèles de ce diocèse s'unissent pour remercier Dieu d'un si grand bienfait, les habitants de Faverney doivent plus particulièrement encore rendre leurs actions de grâces au Seigneur. Pour faciliter leur dévotion, nous ajoutons à ce petit ouvrage une neuvaine en l'honneur du Saint-Sacrement. Cette neuvaine commence le 22 octobre et se termine le 30.

NEUVAINE

EN L'HONNEUR DU SAINT SACREMENT DE L'AUTEL.

PREMIER JOUR.

Naissance de Jésus sur l'autel.

(Extrait de Bourdaloue.)

L'Eucharistie, selon la pensée des Pères, et en particulier de saint Chysostôme, est une extension de l'Incarnation divine, de sorte que nous pouvons regarder ce mystère comme une seconde naissance du Fils de Dieu. Ah! Seigneur! vous êtes vraiment un Dieu caché. Vous le fûtes à votre naissance, dans l'étable de Bethléem, et vous l'êtes encore plus à cette autre naissance où votre humanité même se dérobe à nos yeux; mais, tout caché que vous êtes, vous n'en êtes pas moins Dieu et le même Homme-Dieu qui dans le ciel est assis à la droite de son Père. Dans le ciel, le Fils de Dieu est produit d'un Père sans mère, sur la terre il fut produit d'une Mère sans père, et dans l'Eucharistie il est produit sans l'un ni l'autre. Pour opérer ce divin sacrement, la parole suffit, et quelle parole? Voici la merveille. L'Ecriture nous apprend que toutes choses ont été faites par la parole de Dieu, que c'est par cette parole que les cieux ont commencé à rouler sur nos têtes, par cette parole que la terre s'est affermie sous nos pieds, par cette parole que les eaux ont rempli les abîmes, par cette parole enfin que tous les êtres créés sont sortis du néant.

Tout cela est grand sans doute; mais dans le mystère du corps et du sang de notre Sauveur je trouve quelque chose de plus surprenant : ce n'est pas même la parole de Dieu qui agit, c'est la parole d'un homme, ministre de Dieu, à qui nous pouvons appliquer cette belle expression du prophète : *Il dit, et tout se fit.* (*Ps.* XXXII.) Le prêtre parle, et tout à coup que de miracles incompréhensibles, que saint Chrysostôme appelle mystères terribles et formidables ! Eh quoi ! s'écrie saint Augustin, refuserons-nous à Dieu l'avantage de faire plus que nous ne pouvons ni penser ni comprendre ?

Ne craignez point, dit l'ange aux pasteurs, *je viens vous annoncer une nouvelle qui doit être pour tout le peuple le sujet d'une grande joie : c'est qu'il vous est né un Sauveur* (*Luc*, II.) Or, c'est en cette même qualité de sauveur que Jésus-Christ se rend présent sur l'autel, il y renferme avec lui tous ses trésors, il est la source de la grâce, la source inépuisable de tous les dons célestes, ce n'est pas pour les tenir resserrés dans son sein, mais pour les répandre sur nous. C'est donc dans ce divin mystère que se vérifie ce qu'il disait : *Je suis venu afin qu'ils aient la vie, et qu'ils l'aient abondamment. (Joann.*, III.) Quelle matière à tous les sentiments de la plus vive reconnaissance! Je ne vous prierai point, Seigneur, comme le prophète, de dire à mon âme : *Je suis ton salut;* vous avez déjà prévenu mes vœux; mais je m'adresserai à toutes les créatures, je les inviterai à chanter vos miséricordes, je leur crierai dans le transport de ma joie : *Venez et voyez, admirez les grandes choses que le Seigneur a faites pour mon âme. (Ps.* LXV.) *Ayant aimé les siens,* dit saint Jean, *il les aima jusqu'à la fin. (Joann.*, XIII.) Qu'est-ce à dire, jusqu'à la fin? C'est-à-dire que, sans avoir pleinement satisfait jusque-là son amour, il y mit le comble par le don qu'il leur fit, et ne leur laissa plus rien à désirer sur la terre de tout ce qu'ils pouvaient en attendre. Or, sur cela, que répond mon cœur? *Quiconque n'aime pas le Seigneur Jésus, qu'il soit anathème. (I Cor.*, XVI.) (Bourdaloue.)

Jésus a voulu rester sans cesse avec nous

dans son saint tabernacle, il nous invite à l'y visiter; rendons-nous chaque jour au pied de ses autels, demandons-lui ses grâces, confions-lui nos douleurs et remercions-le de tout ce qu'il a fait pour nous.

Résolution. J'irai chaque jour à l'église pour rendre hommage au saint Sacrement, et si je ne le puis, j'unirai mes prières à celles des saintes âmes qui le visiteront.

DEUXIÈME JOUR.

Je dors, et mon cœur veille.

(Extrait des Méditations de Mgr de la Bouillerie.)

L'Eucharistie! ah! c'est elle principalement que nos méditations ont en vue, et nous voici au terme bien-aimé de nos pensées.

Si je me suis plu à expliquer Jésus-Christ tout entier, depuis le ciel jusqu'au Calvaire, par cette simple et consolante parole: « Je dors, et mon cœur veille, » c'est que cette parole m'a surtout semblé l'aimable devise de l'Eucharistie. Approchons du tabernacle et de l'autel ; contemplons Jésus-Christ sous les voiles eucharistiques. Quel anéantissement ! quelles ténèbres ! quel silence non interrompu ! quel sommeil profond ! « Mais ne vous y trompez pas, nous dit-il, plus je m'anéantis, plus je vous aime ; plus je garde le silence et plus je vous écoute me parler ; plus je me cache sous les voiles et plus je me découvre à vous ; plus je semble dormir et plus je veille : *Ego dormio et cor meum vigilat.* »

O hommes ! qui que vous soyez, quels que soient en ce monde votre dénûment et votre misère, vos chagrins et vos peines, vos infidélités et vos fautes, près de l'autel et de l'Eucharistie consolez-vous, calmez-vous, rassurez-vous. Au tabernacle Jésus-Christ dort... C'est afin que ce sommeil si humble éloigne de vous l'effroi que sa majesté vous causerait ; mais au tabernacle, le cœur de Jésus-Christ veille, pour que cette vigilance vous rassure. L'Eucharistie, c'est un sommeil.... Si faibles, si malheureux, si pécheurs que vous soyez, n'ayez pas peur, l'Eucharistie, c'est le cœur d'un Dieu qui veille.... Créatures faibles, voilà votre force; âmes affligées, voilà votre joie; pauvres pécheurs, voilà votre salut.

Venez chaque jour veiller avec le cœur de Jésus, prêtez l'oreille à ce qu'il veut vous dire, soyez attentif à ses divines leçons, ouvrez-lui votre cœur comme à l'ami le plus tendre.

Résolution. Je m'efforcerai d'imiter Jésus, et je le supplierai de faire que mes passions dorment en moi et que mon cœur seul veille avec le sien.

TROISIÈME JOUR.

Ne craignez rien.

(Extrait de Mgr de la Bouillerie.)

Ego sum, nolite timere. Ne craignez rien,

c'est moi. Oui, c'est sur nos autels que chaque jour, au moment de la consécration, Jésus-Christ nous dit par la bouche du prêtre : « Ceci est mon corps, c'est moi : *ego sum;* » et aussitôt, s'offrant à son Père, comme une victime pacifique et puissante, s'interposant entre lui et nous, il semble ajouter : « Ne craignez rien : *nolite timere.* »

« C'est moi, ne craignez rien. » Oh ! voilà donc encore un de ces mots que l'Eucharistie nous adresse dans son mystérieux langage ; et voilà pourquoi, si elle est l'expression la plus tendre de l'amour de Jésus-Christ pour nous, elle est encore l'excitation la plus vive à la confiance que nous lui devons.

. . . .

« C'est moi, ne craignez rien.... » Ne craignez rien, d'abord à cause des humbles voiles qui me couvrent. Là je me suis fait plus petit que dans la crèche, et les bergers ne me craignaient pas. Là je me suis fait plus docile et plus doux que dans la maison de

Nazareth, et Marie et Joseph ne me craignaient pas. Là je me suis fait plus dénué de tout que pendant ma vie mortelle; je n'avais pas alors où reposer ma tête, et je ne vous demande pour me reposer maintenant que vos tabernacles et vos cœurs. « Ne craignez rien : *nolite timere.* »

Mais ne craignez rien aussi, car dans ce sacrement j'ai caché ma puissance; ne craignez rien, car j'y ai déposé mes bénédictions et mes grâces; ne craignez rien des infirmités de votre chair, car là est ma chair sacrée qui guérit la vôtre; ne craignez rien de vos souillures passées, car là vous puiserez le sang et l'eau qui jaillissent de mon côté pour les purifier. Pauvre brebis égarée, ne crains rien, c'est là le festin de réconciliation. Pauvre Samaritaine, ne crains rien, c'est là le don de Dieu qu'il te sera permis de connaître et de goûter; pauvre berger blessé sur la route, ne crains rien, c'est là le vin et l'huile pour panser tes blessures. Qui que vous soyez, ô hommes! ne craignez rien, c'est ici le véritable fruit de vie duquel il est écrit, *que le jour où vous le mangerez, vous serez semblables à des dieux. (Gen.*, III, IV.)

J'écoute avec bonheur ces consolantes paroles, ô mon Dieu! et pour mon compte, je n'hésite pas à me rendre à cet appel de la confiance. Oui, quand je m'approche de votre tabernacle, et que là, je vous entends me dire: « C'est moi: *ego sum*, » j'adore, mais je ne crains pas; je m'humilie profondément, mais je ne crains pas; j'envisage avec calme les ennemis de mon âme, je les méprise et ne les crains plus; je me résigne aux souffrances de la vie, aux orages du monde, aux tribulations de la chair, je me résigne et je ne crains pas. J'éprouve en moi que cette douce confiance me rend plus facile l'éloignement du péché, la pratique de la vertu, et je me dis souvent que, comme la crainte du Seigneur est le commencement de la sagesse, sa perfection et sa consommation sont une confiance aveugle au Dieu de l'Eucharistie. (Mgr de la Bouillerie.)

A l'exemple du pieux auteur de ces touchantes paroles, venez avec confiance aux pieds du tabernacle; bannissez de votre cœur tout sentiment propre à vous en éloigner. Que vos imperfections mêmes soient pour vous un motif de plus de vous approcher du Dieu des miséricordes; offrez-lui votre désir de l'aimer et de le servir à l'avenir, et demandez-lui ses grâces.

RÉSOLUTION. Je me souviendrai sans cesse de la présence de Jésus sur nos autels, et je recourrai à lui dans les peines et les tentations.

QUATRIÈME JOUR.

Jésus n'est pas aimé, l'amour n'est pas aimé.
(Le R. P. Hermann.)

On aime le bonheur, et Jésus, le véritable bonheur, n'est pas aimé! On aime la richesse, et Jésus, le trésor inépuisable du Père, Jésus, l'abondance, la surabondance éternelle, n'est pas aimé! On aime les hommes, et Jésus, la gloire des élus, la splendeur immortelle de ceux qui veulent être grands, Jésus, n'est pas aimé! On aime le plaisir, et Jésus, les délices les plus délicieuses du ciel, n'est pas aimé!...

Ah! Jésus n'est pas aimé! jour et nuit il attend dans son tabernacle que les hommes viennent le désaltérer de cette soif d'amour qui le brûle, et les hommes ne viennent pas! Que pouvait-il donc faire de plus à sa vigne chérie? Il l'a entourée d'une haie vive par ses sacrements divins, il l'a plantée dans les gras pâturages de l'Eucharistie, il a creusé un puits profond dans sa propre poitrine pour l'arroser de son sang fécondant; et sa vigne, au lieu de lui rendre des fruits d'amour, ne lui présente que le verjus de son ingratitude et de ses dédains.

O filles de Sion, épouses de Jésus-Christ,

couvrez-vous la tête et revêtez le cilice; jeûnez, veillez et lamentez-vous; car, même parmi ses amis, même parmi ses épouses chéries, même parmi ses ministres consacrés, un grand nombre ne l'aiment que tièdement et avec parcimonie, ou plutôt ne l'aiment pas!

Hélas! hélas! Jésus n'est pas aimé! Comment la terre n'est-elle pas foudroyée et réduite en cendres pour punir les hommes de ce forfait exécrable, de ce forfait abominable? Jésus n'est pas aimé! (R. P. Hermann.)

Prosternez-vous au pied du tabernacle et demandez pardon à Dieu de votre ingratitude et de celle de tous les hommes.

Résolution. Je m'efforcerai de rendre à Dieu amour pour amour.

CINQUIÈME JOUR.

Aimons Jésus.

(Le R. P. Hermann.)

Aimons Jésus ! ô vous du moins, les amies de l'Epoux, vous son troupeau chéri et préféré, vous qui avez renoncé aux joies de la terre, aimez, aimons Jésus.

Puisque notre cœur ne peut vivre sans amour, puisque les autres amours sont du poison, puisqu'ici-bas aucun amour n'est stable, et que le frère trahit son frère, l'ami son ami, aimons donc Jésus, ce frère divin qui ne nous trahira jamais ; aimons cet ami qui a donné sa vie pour se faire aimer de nous, cet ami immortel dont l'amour ne passera jamais.

Aimons Jésus, et alors il nous fera connaître sa bonté, sa beauté, sa douceur, son pouvoir, ses charmes, sa splendeur, ses délices suprêmes, et les partagera avec nous.

Aimons Jésus, et alors il nous fera goûter une paix si délicieuse et une joie si pure et si abondante que les anges envieront notre bonheur.

Aimons Jésus, et alors, alors seulement cette soif d'amour qui nous dévore sera désaltérée.

Aimons Jésus, et alors nous pourrons nourrir sans crainte et sanctifier ces flammes qui nous brûlent.

Aimons Jésus, et alors nous serons heureux sans nuage, sans regret, sans trouble, sans remords, sans retour, sans désenchantement, sans mesure et sans fin, heureux toujours! Aimant Jésus, aimé de Jésus, possédant Jésus, appartenant à Jésus, jouissant de Jésus, s'identifiant avec Jésus, se divinisant en Jésus !.... n'est-ce pas là un bonheur qui mérite qu'on y pense, que l'on compare, qu'on choisisse, qu'on renonce à ses erreurs, à son illusion, à son ignorance, à ses attraits matériels, à sa cupidité aveugle?

Ah! mes amis, puisque nous voulons être heureux, mais allons donc de grâce à la source du bonheur; de grâce ouvrons les yeux et reconnaissons cette éternelle vérité, que le bonheur est d'aimer Jésus, que Jésus est tout, que le reste n'est rien, que tous les autres biens sont des tromperies, les autres joies des mensonges, les autres dignités des dérisions, à côté des richesses, des puissances et des grandeurs de l'âme qui aime Jésus.

Aimons Jésus, aimons-le par nos sacrifices, aimons-le par nos louanges, par nos larmes, par nos soupirs. Allumons nos âmes au feu de l'Eucharistie; c'est là que Jésus nous attend pour nous incendier. Oui, *aimons Jésus*, ce sera le dernier cri de ma voix et de mon cœur, et je ne me lasserai pas d'appeler toutes les créatures à ce banquet de l'amour, et quand je rendrai le dernier soupir, ce sera encore en criant à tous les hommes : *Aimons Jésus!!!*

Demandez à Dieu la grâce de l'aimer par-dessus toute chose en ce monde et de l'aimer sans fin dans l'autre; priez-le d'épurer vos affections et vos sentiments, et détachez-vous de tout ce que vous ne pourriez aimer pour lui et en lui.

Résolution. J'examinerai les sentiments de mon cœur aux pieds du saint Sacrement, et je suivrai les saintes inspirations que Jésus m'enverra du fond du divin tabernacle.

SIXIÈME JOUR.

Jésus demeurant au milieu de nous.

(Extrait du R. P. Huguet, mariste.)

Le tabernacle eucharistique est la véritable arche d'alliance toujours présente au milieu de nous et dont la présence seule fait la gloire et le triomphe du peuple chrétien. L'arche d'alliance était abritée sous les ailes d'or des chérubins; contemplons tous les anges du ciel environnant nos tabernacles et joignons-nous à eux. L'arche d'alliance renfermait les tables de pierre de la loi de Moïse et la verge fleurie d'Aaron ; le tabernacle eucharistique contient celui qui est tout ensemble la parole même de l'Evangile et l'éternelle fleur de la tige de Jessé.....

Jésus transfiguré sur le Thabor nous rappelle Jésus se transfigurant dans l'Eucharistie, mais avec quelle différence ! Sur le Thabor sa face s'illumine et devient brillante comme le soleil ; dans l'Eucharistie, elle s'efface jusqu'à ne laisser voir que l'apparence d'un peu de pain. Mais qu'importe ? Sur le Thabor, il y a plus de gloire ; dans l'Eucharistie plus d'amour. Voilà pourquoi au pied du tabernacle, nous disons comme saint Pierre : *Il est bon que nous soyons ici.*

Sur le Thabor, les apôtres entendent une voix qui dit ces mots : Celui-ci est mon Fils bien-aimé, écoutez-le. Au tabernacle, cette même voix nous dit : Celui-ci est mon Fils bien-aimé, goûtez et voyez combien il est doux. La vision du Thabor dure peu, et après elle les douleurs du Calvaire. Les délices de l'Eucharistie durent peu, et après elles le travail de chaque jour. Après la vision du Thabor, les apôtres ne voient plus que Jésus seul; après la sainte communion, nous ne voyons plus que Jésus partout et en tout.

C'est auprès du tabernacle que se trouvent des armes propres à vaincre les ennemis de notre salut. C'est là la tour de David, le temple du vrai Salomon où réside sa gloire, où il nous donne des preuves de sa sagesse et de son amour.

Ne suffit-il pas, ô Jésus, que je sois à vos pieds pour goûter des consolations ineffables en votre divine présence? J'écoute avec une attention tendre et respectueuse les paroles de vie que vous adressez à mon cœur. Saint Louis de Gonzague, dont l'amour ardent pour Jésus dans son sacrement répondait à la vivacité de sa foi, était obligé, par obéissance, de s'arracher d'auprès de son bien-aimé. Retirez-vous de moi, Seigneur, disait-il à Jésus, vers qui son cœur l'entraînait; soyez moins bon pour moi, ou du moins obtenez-moi de pouvoir demeurer plus longtemps avec vous.....

Pour vous contempler à souhait, ô Jésus, s'écrie le P. Hermann, les heures du jour s'envolaient trop vite; j'appelais à moi des chrétiens brûlant du même feu, et nous allions passer les nuits dans vos églises. Un saint prêtre nous guidait, le soir sa main vous exposait sur l'autel, et l'aurore nous retrouvait agenouillés encore devant votre splendeur.

Nuits inénarrables! *que ma langue s'attache à mon palais et que ma main se dessèche si jamais je vous oublie!* Dans ces nuits célestes, ô mon Jésus, vous m'attiriez à vous par un charme irrésistible, par un charme si doux, si tendre et si aimable, que le dernier fil se rompit entre moi et le monde; je courus loin des villes me jeter dans vos bras, pour vivre tout à vous, sans partage, à jamais !

Nous sommes tout près de notre Dieu, de notre roi, de notre père et de notre ami ; il a parcouru lui-même un espace immense pour descendre ainsi jusqu'à nous, et nous, qui n'avons qu'un pas à faire pour aller jusqu'à lui, nous passerions des jours entiers, des semaines, sans le visiter pour lui rendre nos hommages, lui témoigner notre amour et lui demander les grâces qui nous sont nécessaires !

Ranimons notre foi à la présence réelle de Notre Seigneur et prions-le de nous faire goûter sa douceur.

Résolution. Je ferai tous les jours une visite au saint Sacrement.

SEPTIÈME JOUR.

Mes heures avec Jésus.

(Le R. P. Huguet.)

La vie mystique de Jésus dans l'Eucharistie est une vie toute d'amour. Lui seul l'a mis dans cet état. Ne laissons jamais s'écouler un jour tout entier sans aller reconnaître cet amour. Tandis que les grands du monde sont sans cesse entourés de nombreux courtisans, qui viennent leur faire la cour, Jésus est délaissé et presque toujours seul dans son sanctuaire.

O doux Sauveur ! s'écriait sainte Thérèse en versant un torrent de larmes, on trouve du plaisir dans les fades conversations des enfants des hommes, et l'on est assez malheureux pour n'avoir que du dégoût et de l'ennui dans votre divine compagnie !

Ames fidèles, efforcez-vous de dédommager

le Sauveur de tant d'indifférence ; venez lui offrir souvent vos pieux hommages, afin d'honorer sa présence réelle parmi nous, de le remercier d'un si grand don, de réparer les outrages qu'il reçoit dans cet adorable sacrement, et d'obtenir ainsi les grâces qui vous sont nécessaires, et surtout son saint amour...

N'oubliez pas que l'entretien avec Jésus est le principal objet de votre visite ; que le langage du cœur lui plaît infiniment plus qu'un grand nombre de prières vocales faites avec précipitation, et bien souvent sans attention. Tenez-vous donc recueilli à ses pieds pour le contempler comme prêtre et victime tout à la fois. Dites-lui comme le lépreux de l'Evangile : « Seigneur, si vous voulez, vous pouvez me guérir, » ou bien avec les sœurs de Lazare : « Celui que vous aimez est malade. »

Quelquefois figurez-vous que vous êtes, comme Marie-Madeleine, aux pieds du divin Sauveur ; demeurez en silence et en contemplation comme elle ; goûtez les douceurs de cette divine intimité ; soyez avec Dieu comme avec un ami. D'abord on a mille choses à dire à son ami, et mille à lui demander ; mais dans la suite ce détail de conversation s'épuise sans que le plaisir du commerce puisse s'épuiser... On a tout dit, mais sans parler, on prend plaisir à être ensemble, à se voir, à sentir que l'on est l'un auprès de l'autre, à se reposer dans une douce et pure amitié ; on se tait, mais dans ce silence on s'entend ; on sait qu'on est d'accord en tout, et que les deux cœurs n'en font qu'un : l'un se verse sans cesse dans l'autre.

Enfin, si vous vous sentez doucement attiré par la grâce, reposez-vous délicieusement comme le disciple bien-aimé sur le cœur du bon Maître ; laissez-vous aller sans proférer aucune parole à ce ravissant et mystérieux sommeil.

O silence plus aimable que les plus doux entretiens des hommes et des anges eux-mêmes ! O sommeil délicieux, pris dans le sein même de la Divinité ! Ah ! ce mystérieux sommeil, que l'âme goûte saintement sur la poitrine adorable du Sauveur, vaut mille fois mieux que le réveil qui la ferait jouir de toutes les délices de la terre.

Bienheureux ceux, ô mon Dieu, qui habitent votre maison et qui n'ont pas d'autre jouissance que d'y contempler vos grandeurs ! O Jésus, soyez mille fois béni : pour vous trouver, je n'ai plus besoin de m'élever jusqu'aux cieux ; vos sanctuaires me sont toujours ouverts ; je puis à tous les moments verser mes larmes dans votre sein et vous demander votre amour.

Oui, mon Dieu, c'est la grâce que je ne cesserai de solliciter. Que j'habite dans votre maison tous les jours de ma vie ; que je goûte les douceurs que vous y prodiguez à vos fidèles adorateurs ; que j'y puise l'amour de toutes les vertus dont vous nous donnez l'exemple, avec la grâce et la force de les pratiquer; que mon bonheur soit de vous visiter, que je n'en cherche jamais d'autre, et lorsque les exigences et les obligations de cette vie mortelle me forceront de m'éloigner de votre temple, que mon esprit et mon cœur demeurent au pied de vos autels.

Le passereau trouve un asile, la tourterelle se bâtit un nid. Vos autels, ô Dieu des vertus, seront mon asile et le lieu de mon repos.

Résolution. Dans les dangers et dans les tentations, j'irai du moins en esprit me réfugier au pied du tabernacle.

HUITIÈME JOUR.

Voici l'Agneau de Dieu.

Pour être admis au festin des noces de l'Agneau, c'est peu d'avoir entre les mains, comme les vierges folles, la lampe de la virginité, si on ne prend soin d'y joindre, ainsi que les vierges sages, l'huile de la charité et des bonnes œuvres.

Le sommeil des vierges sages en attendant l'Epoux est le sommeil d'une douce paix et d'une conscience tranquille au pied du tabernacle; le sommeil des vierges folles est celui de l'indifférence et de l'oubli. Quand les vierges folles, s'approchant de Jésus, lui disent : Ouvrez-nous la porte de votre tabernacle, Jésus leur répond : Je ne vous connais pas ; car il ne connaît dans l'Eucharistie que ceux qui se disposent à le recevoir avec un amour effectif.

Ayez donc soin de répondre à l'amour que Jésus-Christ nous témoigne dans l'Eucharistie, en ne négligeant rien pour le recevoir dignement et comme il le mérite.

O chasteté, ô charité, ô humilité, aimables vertus qui nous disposez à la sainte communion, vous êtes comme la robe nuptiale, comme une triple parure des âmes conviées au céleste banquet. (R. P. Huguet.)

Que d'amour, en effet, que d'ardent amour dans la chasteté, dans l'humilité, dans la patience, dans la pratique exacte de toutes les vertus chrétiennes ! La pureté de celui qui est chaste a une voix comme celle des anges pour dire incessamment à Dieu : Je vous aime. — La vie cachée de celui qui est humble, sa solitude et son silence même, crient vers Dieu pour lui dire : Je vous aime. Etre chastes, humbles, charitables et devenir des saints, voilà l'amour que Dieu nous demande. (Mgr DE LA BOUILLERIE.)

Si, vous approchant du festin de l'Agneau, vous portez en vous-mêmes ces saintes vertus, oh ne tremblez pas ; si vous aimez Jésus, réjouissez-vous : *Ecce Agnus Dei.* Voici l'Agneau de Dieu, il vient, il s'approche de vous, ne sentez-vous pas aux tressaillements de votre cœur que l'Epoux bien-aimé de votre âme vient s'unir à vous? *Ecce Agnus Dei.* Voici Celui qui vient pour effacer les péchés du monde, pour vous consoler, confiez-lui vos peines; pour vous instruire, écoutez ses divines leçons.

Résolution. Je m'efforcerai d'acquérir les vertus qui plaisent le plus à Dieu et de me préparer avec le plus grand soin à recevoir dignement Jésus-Christ.

NEUVIÈME JOUR.

Amour de Jésus-Christ dans l'Eucharistie.

(Extrait du R. P. Debussi.)

Aurions-nous jamais pu imaginer un tel excès d'amour? Si nous eussions assisté à la dernière cène, au moment où Notre Seigneur allait instituer cet adorable sacrement, aurions-nous jamais deviné le projet de son divin cœur? Ah! s'il nous en eût fait part, nous aurions pris la parole pour l'en détourner. A quoi pensez-vous, Seigneur, de vous donner ainsi aux hommes? N'en avez-vous pas assez fait pour eux? Quand vous aurez accompli le mystère de votre Passion, puisque vous voulez absolument en venir jusque-là, une fois monté à la droite de votre Père, jouissez en repos de votre gloire. — Non, me répond Jésus, mes délices sont d'être avec les enfants des hommes.

—Eh bien! Seigneur, si vous voulez demeurer avec les hommes, soyez-y noblement, royalement, divinement, sinon vous serez bientôt l'objet de leur indifférence, ou même de leurs outrages. — Il est vrai, je vois tout cela d'avance, et bien plus encore; mais si je ne cache pas ma gloire, mes frères n'oseront s'approcher de moi, et je ne pourrai converser avec eux.

— Mais au moins ne vous prodiguez pas, n'instituez ce sacrement que pour Rome, ne donnez qu'au chef visible de votre Eglise le pouvoir de consacrer votre corps; qu'il ne vous montre qu'une fois l'année, avec pompe et magnificence, et les peuples accourront de toutes les parties du monde.

Oui ; mais les pauvres, mais les malades, mais les enfants et les vieillards, justement ceux qui en auront un plus grand besoin, ne pourront approcher de moi.—Eh bien, mon Dieu ! soyez partout, pour être vu, visité, adoré ; mais, être reçu indistinctement par tous les hommes, passer par des bouches impures, descendre dans des poitrines immondes !—Ah ! tout cela vous révolte, je le vois, me répond Jésus, mais mon amour n'en a point d'horreur, je ne serai satisfait que quand je serai uni à mes frères de la manière la plus intime, que quand je me serai multiplié pour eux, incorporé à eux.

—Au moins, Seigneur, accordez-moi ceci : ne soyez dans votre sacrement que d'une manière conditionnelle. Quand une âme pieuse le recevra, soyez-y réellement présent, à la bonne heure ; mais quand un pécheur, un avare, un impudique, un vindicatif osera s'en approcher, alors que votre personne adorable disparaisse.

—Ah! je m'en garderai bien.—Et pourquoi?
— Parce que les âmes timorées, qui craignent souvent d'être mal disposées, seraient par là toujours incertaines de ma présence ; et cette cruelle incertitude leur serrerait le cœur, et les empêcherait de me parler avec la confiance que je désire.

—Enfin, mon Dieu, je n'ai plus qu'une demande à vous faire. Ne soyez présent dans l'Eucharistie qu'à l'instant où l'on vous recevra ; car, si vous vous engagez à rester toujours sous les espèces consacrées, vous verrez qu'on vous logera dans de vils ciboires, dans des tabernacles poudreux et dégoûtants ; on vous laissera seul, sans vous visiter, les jours et les semaines entières ; on commettra mille irrévérences, mille impiétés en votre présence.—Encore une fois, je m'attends à toutes les ingratitudes ; mais je veux servir de refuge et d'asile permanent à mes âmes fidèles. Voilà que je suis avec elles tous les jours jusqu'à la consommation des siècles, pour qu'elles puissent en tous temps converser avec moi, m'exposer leurs besoins, chercher en moi un secours dans leurs dangers, un guide dans leurs démarches, un conseil dans leurs doutes, un flambeau dans leurs ténèbres, un appui dans leurs faiblesses, une consolation dans leurs peines.

Prosternez-vous au pied du tabernacle; remerciez Dieu, qui a bien voulu nous laisser un gage de son amour par sa présence continuelle au milieu de nous ; efforcez-vous de réparer par vos respects et vos adorations les outrages qu'il reçoit chaque jour.

Résolution. Je prierai Dieu souvent pour la conversion des pécheurs et des ingrats, et je lui demanderai la grâce d'être fidèle à mes résolutions.

PRIÈRE

POUR TOUS LES JOURS DE LA NEUVAINE.

Doux Jésus, aimable Sauveur, qui, par l'excès du plus prodigieux amour, avez voulu demeurer avec nous dans le Sacrement de l'Autel, je vous y reconnais pour mon souverain Seigneur et mon Dieu. Je vous y adore avec l'humilité la plus profonde ; je vous remercie de tout mon cœur de la tendresse infinie que vous nous y témoignez, malgré les mauvais traitements que vous y recevez de nous ; et, pénétré de douleur à la vue de mes ingratitudes, je viens, Dieu de Majesté, vous faire amende honorable pour toutes les profanations, les sacriléges et les impiétés qui se sont jamais commis et qui se pourront commettre contre cet adorable Sacrement. Que ne puis-je, ô mon Dieu ! vous témoigner la douleur que je ressens d'avoir moi-même paru devant vous avec tant d'irrévérence, et de m'être approché de vous avec si peu d'amour et de ferveur.

Oubliez, Seigneur, nos iniquités, pour ne vous ressouvenir que de vos miséricordes. Agréez le désir sincère que j'ai de vous honorer et de vous voir honoré dans le saint Sacrement de votre amour. Oui, je souhaite de tout mon cœur de vous y aimer, bénir, louer et adorer autant que les Saints et les

Anges vous y aiment, vous y bénissent et vous y adorent; et je vous conjure par ce Corps adorable et ce Sang précieux devant lequel je me prosterne, que désormais je vous y adore si respectueusement et vous y reçoive si dignement, qu'après ma mort je puisse, avec tous les bienheureux, vous glorifier éternellement.

Ainsi soit-il.

LITANIES DU SAINT SACREMENT.

Seigneur, ayez pitié de nous.
Jésus, ayez pitié de nous.
Seigneur, ayez pitié de nous.
Jésus, écoutez-nous.
Jésus, exaucez-nous.
Père céleste, vrai Dieu, ayez pitié de nous.
Fils de Dieu, Rédempteur du monde, ayez.
Saint-Esprit, vrai Dieu, ayez pitié de nous.
Sainte Trinité, un seul Dieu,
Pain de vie descendu du ciel,
Corps de Jésus,
Dieu caché et Sauveur,
Vous qui nous aimez d'un amour éternel, ayez pitié de nous.
Pain savoureux et délices de tous,
Nourriture des Anges,

Pain vivant qui nous fortifiez,
Vrai breuvage qui nous réjouissez,
Froment des Elus,
Vin qui produisez les Vierges,
Manne cachée,
Vous en qui est toute espérance de vie et de vertus,
Vous en qui est toute grâce de conduite et de vérité,
Abrégé des merveilles de Dieu,
Verbe incarné pour nous,
Compagnon de notre exil,
Agneau sans tache,
Hostie sainte et Calice de bénédictions,
Céleste préservatif contre le poison du péché,
Grand mémorial de l'amour de Dieu envers nous,
Vraie propitiation pour nos péchés,
Remède d'immortalité,
Festin délicieux,
Lien de charité,
Douceur spirituelle goûtée en sa propre source,
Nourriture des saintes âmes,
Viatique de ceux qui meurent dans le Seigneur,

Ayez pitié de nous.

Soyez-nous propice, pardonnez-nous, Seigneur.
Soyez-nous propice, exaucez-nous, Seigneur.
De l'indigne réception de votre Corps et de votre Sang adorable, délivrez-nous, Seigneur.
Par le grand désir que vous aviez de célébrer votre dernière Cène, délivrez-nous.

Par l'extrême humilité qui vous porta à laver les pieds de vos Disciples, délivrez-nous.
Par l'ardente charité qui vous fit instituer ce divin Sacrement, délivrez-nous.
De tout consentement aux tentations, délivrez-nous.
Par votre Sang précieux que vous nous avez laissé au sacrifice de la messe, délivrez-nous.
Pauvres pécheurs que nous sommes, nous vous prions, écoutez-nous.
Qu'il vous plaise nous garder de toute hérésie, infidélité et aveuglement d'esprit, nous vous en prions, écoutez-nous.
Qu'il vous plaise nous faire la grâce d'être participants des divins et précieux effets de ce très saint Sacrement, nous vous en prions, écoutez-nous.
Qu'aux approches de la mort, il vous plaise nous fortifier et nous nourrir de ce céleste viatique, nous vous en prions, écoutez-nous.
Fils de Dieu, nous vous prions, écoutez-nous.
Agneau de Dieu, qui effacez les péchés du monde, pardonnez-nous, Seigneur.
Agneau de Dieu, qui effacez les péchés du monde, exaucez-nous, Seigneur.
Agneau de Dieu, qui effacez les péchés du monde, ayez pitié de nous, Seigneur.

℣. Seigneur, exaucez ma prière,
℟. Et que mes cris parviennent jusqu'à vous.

Oraison.

Mon Seigneur Jésus-Christ, qui, selon la volonté du Père, avec la coopération du Saint-Esprit, avez donné la vie au monde par votre mort, délivrez-nous de tous péchés et de toutes sortes de maux par l'adorable sacrement de votre Corps et de votre Sang, et faites que nous soyons attachés d'une fidèle obéissance à vos saints commandements, et ne permettez jamais que nous nous séparions de vous. Ainsi soit-il.

PRIÈRES

POUR LA MESSE AVANT LA COMMUNION.

Introït.

J'entre, Seigneur, dans votre sanctuaire pour y chercher la vie et la nourriture de mon âme; suis-je assez pur pour paraître devant vous et pour m'unir à vous, ô mon Dieu! Vous ne devez être reçu que par la nation sainte, par ceux qui sont pénétrés d'un désir sincère de vous posséder et de vous plaire. Les pécheurs ne sont pas dignes de vous approcher; ne permettez pas, Seigneur, que je m'égare avec eux. Apprenez-moi à discerner votre Corps adorable et à connaître le prix de votre Sang. Pourquoi mon âme serait-elle encore saisie d'inquiétude et de tristesse à la vue de vos saints autels? J'y suis appelé par l'amour et conduit par l'espérance. Eclairez-moi, Seigneur, faites briller à mes yeux le flambeau de la foi, ne souffrez pas que je vous déshonore par une Communion sacrilége. Purifiez mon cœur, envoyez-moi d'en-haut cette sagesse sublime qui fait sentir à la jeunesse, à l'âge le plus aveugle et le plus inconsidéré de notre vie, la dignité de vos sacrements, la sainteté de vos lois, et la majesté de votre présence. J'espère en vous, Seigneur, vous m'avez inspiré la confiance qui m'amène à votre sainte table : si mon indignité m'épouvante, votre bonté me rassure ; je recevrai un Dieu qui veut mon salut ; je publierai ses louanges ; j'admirerai les effets de son divin amour. O Dieu tout-puissant ! qui donnez le pain du ciel à ceux qui vivent sur la terre, donnez-moi toute la ferveur de ces âmes bienheureuses qui règnent avec vous dans le ciel.

Confiteor.

J'ai péché, Seigneur, j'ai violé vos commandements : tout ce qui doit servir à me rendre agréable à vos yeux, a été employé à me rendre coupable ; mes pensées, mes paroles, mes actions, tout ce qui est en moi, tout ce qui vient de moi, je le devais rapporter à votre gloire. Je ne chercherai point à me justifier devant vous. C'est par ma faute, oui, c'est par ma faute que j'ai péché ; je ne saurais trop le redire pour rendre hommage à la vérité, et pour humilier mon orgueil. Vos inspirations, vos secours et vos grâces ne m'ont jamais manqué, mais je les ai rejetés. Vous m'avez donné un cœur droit, et j'en ai abusé. Mes fautes ont été fréquentes, et même très grandes, puisqu'elles l'étaient assez pour vous déplaire, ô mon Dieu ! Oserai-je après cela me présenter au festin des élus pour y manger le Pain des Anges ? Vierge sainte, qui fûtes avant moi le temple du Verbe fait chair ; saint précurseur, ange du désert, qui lui prépariez la voie ; fidèles disciples qui l'écoutiez avec tant de docilité, et qui le reçûtes avec tant de foi dans cette cène mystérieuse ; âmes bienheureuses, qui le possédez dans le ciel, joignez-vous à moi, demandez-lui grâce pour moi; vous lui parlerez, et il vous exaucera; sa miséricorde parlera elle-même et désarmera sa colère.

Que ne puis-je, ô mon Dieu! vous recevoir dans un cœur aussi pur que celui de votre sainte Mère, aussi pénitent que celui du plus grand des prophètes, aussi docile que celui de vos disciples, aussi fervent que celui de tous ces bienheureux que vous avez couronnés!

Kyrie, eleison.

Ayez pitié de moi, Seigneur. Hélas! si vous observez toutes mes iniquités, je ne pourrai subsister devant vous; comment pourrai-je donc m'unir intimement avec vous? L'homme, comparé à vous, n'est qu'un assemblage d'erreurs, d'infirmités et de faiblesses, comment oserai-je donc m'approcher de vous?

Si vous ne me regardiez avec des yeux de miséricorde, je serais foudroyé, je serais anéanti par un seul regard de votre justice; mais je puis encore invoquer votre saint nom; je puis vous appeler mon Sauveur, mon Père. Je me trouve ici dans un temple où je n'aperçois que des marques de votre bonté. J'approcherai donc avec confiance de ce trône de la miséricorde, en vous disant: Seigneur, ayez pitié de moi. Je vous le dis avec la même componction que David, avec la même foi que l'aveugle de Jéricho : oubliez mes péchés, dissipez mes ténèbres.

Gloria in excelsis.

Gloire à Dieu au plus haut des cieux, et paix aux hommes de bonne volonté qui sont sur la terre. C'est le cantique qui fut chanté par les anges à la crèche de Bethléem; ne le chanterai-je pas encore, Seigneur, en vous voyant caché sous les voiles qui vous enveloppent! Quelle paix, quelle consolation pour les hommes de bonne volonté qui sont sur la terre! Gloire à Dieu, dont la justice est vengée par le sacrifice d'une si sainte Victime; paix et consolation aux hommes de bonne volonté qui sont sur la terre, et qui voient un Dieu s'anéantir tous les jours pour les sauver et pour les nourrir de sa propre substance. Je vous loue, Seigneur, je vous bénis, je vous adore, je vous aime. Etonné, ravi, transporté à la vue de tant de générosité et d'amour, serais-je assez malheureux pour me les rendre inutiles par les criminelles dispositions de mon cœur? Voudrais-je périr, malgré tous les miracles que vous faites pour me sauver et pour me donner votre paix! Non, mon Dieu, je m'efforcerai d'acquérir cette bonne volonté qui en est la source. Apaisez, ô mon Dieu! la guerre qui s'élève si souvent dans mon cœur, et qui fait que la chair combat contre l'esprit; éloignez de moi surtout cette guerre criminelle que les pécheurs vous déclarent en combattant contre vous.

Epître et Evangile.

Mais quel serait, ô mon Dieu! le fruit de mes affections si je n'écoutais pas cette divine parole qui m'est annoncée par vos prophètes, par vos apôtres et par vos évangélistes? Combien ne dois-je pas être frappé des menaces, et touché des promesses qu'ils me font en votre nom! L'Evangile est votre ouvrage, venez le graver dans mon cœur : que ce flambeau sacré éclaire et conduise mes pas dans les sentiers de la justice. Dites-moi sans cesse ce que Moïse disait autrefois aux Juifs : Voilà ce que dit le Seigneur, voilà ce qu'il vous commande, voilà ce qu'il vous défend. O saintes lois! ô maximes sublimes et salutaires! hélas! je vous ai mille fois oubliées et abandonnées, mais J.-C. en s'unissant à moi, m'accordera le don de vous comprendre et la force de vous pratiquer.

Credo.

Je crois, Seigneur, que vous êtes un Dieu unique, subsistant en trois personnes distinctes, qui ne sont qu'une seule et indivisible substance; je crois encore que vous êtes ici réellement présent pour vous donner à moi; je crois que vous renouvelez dans ce Sacrement de votre corps et de votre sang les mêmes mystères que je lis dans votre Evangile. J'y trouve le mystère de votre naissance, en vous voyant sur l'autel comme nouvellement né et enveloppé de langes et peu connu, si ce n'est des esprits célestes et des humbles; le mystère de votre vie cachée, en vous voyant oublié et abandonné; le mystère de votre mort, en vous voyant immolé sur cet autel, comme vous le fûtes sur la croix; le mystère de votre sépulture en vous voyant enseveli dans le tabernacle, comme dans le tombeau; le mystère de votre résurrection, en vous voyant nourrir les hommes de votre chair glorieuse.

Je n'envierai donc plus le bonheur de ceux qui vous ont vu pendant votre vie mortelle; je n'éprouverai ni les regrets, ni les impatiences de ces rois et de ces prophètes qui désiraient de vous voir; ma foi me découvre ici ce que les apôtres ont vu, tout ce que les rois et les prophètes ont souhaité de voir avec tant d'ardeur.

Offertoire.

Le pain et le vin que le prêtre vous offre ne sont encore qu'une substance terrestre; mais bientôt elle deviendra la chair de Jésus-Christ par la vertu de votre parole. O Dieu tout-puissant! je vous offre mon cœur, daignez le changer; dites seulement une parole, et il sera sanctifié. Retracez dans lui votre image, qui a été tant de fois effacée ou défigurée par le péché; changez ses inclinations vicieuses et faites-lui aimer la vertu; détruisez, anéantissez cet homme de péché qui est en moi, avec autant de promptitude que vous allez détruire des substances dont il ne restera plus que les apparences. Que je devienne tout à coup, par le secours de votre grâce, et par ma fidélité à y répondre, un homme céleste, un homme nouveau, un homme digne de vous posséder sur la terre, et de régner éternellement avec vous dans le ciel.

Lavabo.

O Dieu pur et saint! qui avez dit autrefois à un de vos disciples : « Si je ne vous lave, vous n'aurez point de part avec moi, » répandez aujourd'hui sur moi votre grâce, qui lave nos âmes et qui les purifie. Je vais me présenter à votre table sacrée, j'aurai part à ce pain de vie qui ne doit être reçu que par les enfants de votre royaume; je recevrai cette manne cachée qui n'est offerte qu'aux vainqueurs du monde et du péché. Suis-je du nombre de ceux qui l'ont vaincu? Hélas! il m'a vaincu moi-même, et j'ai eu le malheur de me soumettre à son empire. Effacez donc, Seigneur, ces taches honteuses qu'il a laissées dans mon cœur; ne souffrez pas que mon âme périsse avec celles des impies; si je n'ai pas marché dans l'innocence, purifiez-moi de mes iniquités.

Préface.

Qu'entends-je? C'est la voix de votre ministre qui me dit d'oublier la terre pour élever mon esprit et mon cœur jusqu'au ciel.

Qu'y vois-je, ô mon Dieu! des Anges qui vous adorent, des puissances célestes qui s'abaissent devant vous, des âmes pures qui vous contemplent, qui vous aiment, qui vous admirent, et qui font leurs délices d'être avec vous.

Hélas! que ce spectacle est propre à m'humilier! Quoi! je recevrai dans moi ce même Dieu qui règne dans le ciel avec tant de gloire! Et qui suis-je donc, Seigneur? oserai-je mêler ma voix profane aux cantiques des esprits célestes? Vous me l'avez permis, Seigneur, et je les prierai tous de seconder mes faibles efforts.

Saint, saint, saint, le Dieu des armées; tout le ciel retentit de ses louanges, tout l'univers est rempli de sa gloire; il va descendre dans moi; il va s'unir à moi : à peine suis-je en état d'honorer sa grandeur, et il daigne me communiquer toute la plénitude de sa Divinité.

Au Canon.

Dieu propice, exaucez mes vœux : bénissez la sainte Église, à laquelle vous m'avez attaché par le Baptême, et qui m'ouvre aujourd'hui ses trésors en me donnant le corps et le sang de son divin Époux : bénissez le chef des pasteurs, les évêques, les prêtres, et répandez sur tous ceux que vous avez appelés au sacré ministère, l'esprit de zèle et de sainteté; maintenez dans eux la pureté de la foi; et rendez-moi toujours docile à leurs instructions. Jetez un regard favorable sur tous les fidèles qui assistent avec moi à ce sacrifice : soutenez les faibles, consolez les pauvres et les affligés, convertissez les pécheurs, éclairez les aveugles, ramenez les impénitents. Je vous prie pour tous, Seigneur, parce que je sais que vous êtes le Dieu de tous, que vous vous sacrifiez pour tous, et que vous voulez que nous ne fassions tous qu'un même corps, et que nous soyons tous animés par le même esprit.

Elévation.

C'est ici mon Sauveur et mon Dieu : il se voile pour ne pas m'éblouir par l'éclat de sa gloire. Oui, c'est le Roi du ciel, c'est le Roi du monde et le Dominateur des nations qui est présentement caché sous ces apparences : venez donc, adorons le Seigneur et prosternons-nous devant lui. Fléchissons les genoux devant le Dieu qui nous a créés, car il est notre Dieu, et nous sommes son peuple.

O mon divin Sauveur, je vous adore comme mon souverain Seigneur! Est-il donc possible que je recevrai dans mon cœur Celui devant qui tout genou doit fléchir dans le ciel, sur la terre et dans les enfers ?

Suite du Canon.

Les cieux sont ouverts, le Saint des saints est descendu sur la terre : l'autel est présentement le trône où réside la Majesté du Très-Haut; les anges l'environnent, et, par leur respect et leur amour, ils le dédommagent du mépris et de l'indifférence des hommes.

Pendant que ces sublimes intelligences s'anéantissent devant vous, Seigneur, vous pensez à mon salut, vous brûlez du désir de vous unir à moi, vous m'invitez tendrement à vous ouvrir mon cœur.

O Roi de gloire! pourquoi courez-vous ainsi après une vile créature! Hélas! elle s'en est rendue mille fois indigne par ses péchés. Mais que dis-je? N'êtes-vous pas ici pour les effacer? Ne vous offrez-vous pas à la justice divine comme une victime pour la rédemption des pécheurs? O Dieu! regardez votre Christ : je suis incapable d'apaiser ni de satisfaire votre justice; mais je vous offre avec moi votre Fils bien-aimé. Si vous n'apercevez en moi que l'image du péché, vous trouverez dans lui la sainteté la plus parfaite. Regardez cet Agneau sans tache comme mort sur cet autel : écoutez la voix de son sang : il le répand pour me purifier, et c'est par lui que je deviendrai digne de m'unir à lui. C'est après vous l'avoir offert comme victime, que j'aurai la confiance de le recevoir comme la nourriture de mon âme.

Pater.

O mon Père! qui régnez dans les cieux, venez régner dans mon âme, venez la sanctifier par votre présence, venez la soumettre à votre volonté sainte et la rendre docile aux inspirations de votre grâce. Nourrissez-moi aujourd'hui de ce pain mystérieux qui entretient la santé et la force; éteignez dans mon cœur tous les sentiments de haine et de vengeance, et pardonnez-moi comme j'ai pardonné. Donnez-moi la sagesse pour éviter les tentations, et la force pour en triompher. Délivrez-moi de tous les maux qui m'accablent. Je viens à vous, comme un fils à son père, pour être nourri; comme un serviteur coupable à son maître, pour être réconcilié; comme un sujet à son Roi, pour être protégé;

comme un affligé à son unique ressource, pour être consolé.

Agnus Dei.

Agneau de Dieu, qui effacez les péchés du monde, Victime pure et sans tache, qui seule pouvez satisfaire à la justice d'un Dieu offensé, daignez me faire part des mérites de votre sacrifice et de ceux de votre innocence. Quelles leçons d'humilité, de douceur, de charité, de patience, ne me donnez-vous pas? Imprimez ces vertus dans mon âme, afin qu'elle soit pour vous une demeure agréable.

Communion du prêtre.

Qui suis-je, hélas! pour recevoir mon Sauveur et mon Dieu? Ne dois-je pas être effrayé de sa grandeur, et humilié de mon indignité et de ma bassesse? Inspirez-moi, mon Dieu, tous les sentiments d'humilité, de ferveur et d'amour que je dois avoir en approchant d'un mystère si saint et si redoutable. Dites à mon âme une parole de salut, et préparez-la vous-même à vous dignement recevoir.

Dernier Evangile.

O Verbe fait chair! qui vous êtes caché et anéanti pour vous donner à moi, éclairez-moi, découvrez-moi vos grandeurs et vos charmes. Que tous les sentiments du respect, de l'admiration, de la confiance, de la reconnaissance et de l'amour, entrent dans mon cœur! Communier, c'est recevoir un

Dieu; combien ne dois-je pas être frappé et touché d'une action si sainte et si redoutable! Tous ceux qui le reçoivent dignement deviennent enfants de Dieu : quelle gloire! quel bonheur! quel avantage! ils s'unissent à un Dieu qui est plein de grâce et de vérité. O grâce inestimable! ô vérité divine! auguste divinité des enfants de Dieu! ils deviennent enfants de la vérité et de la grâce. Que de force, que de lumière, que d'élévation dans un sacrement qui unit l'homme à Dieu! Je me perds, Seigneur, je m'oublie moi-même dans l'océan de vos miséricordes. Je m'attache à vous par les liens d'amour, c'est le seul sentiment qui puisse répondre à vos bienfaits.

PRIÈRES

POUR LA MESSE APRÈS LA COMMUNION.

Introït.

C'est votre esprit, Seigneur, c'est votre vérité et votre lumière qui m'ont conduit sur votre montagne sainte, et qui ont ouvert pour moi vos divins Tabernacles. Vous m'avez discerné de cette nation aveugle et réprouvée qui n'approche jamais de votre auguste Sanctuaire. Je suis présentement éclairé par le flambeau de la vérité même. Je chanterai donc vos louanges, Seigneur, et je bénirai votre saint nom dans les plus doux transports de la reconnaissance et de la joie ; je mettrai en vous toute ma confiance et je vous glorifierai comme mon Dieu et comme l'unique auteur de mon salut. Votre voix et votre présence, ô divin Epoux ! me remplissent d'une sainte allégresse. Ne souffrez pas que je la perde en me livrant encore aux joies fausses et corrompues du siècle. Je vous possède, ô mon Dieu ! que me reste-t-il à désirer ? Dites à mon âme que vous êtes son salut, et que les actions de grâces qu'elle vous adresse sur la terre soient l'heureux présage de celles qu'elle espère vous rendre éternellement dans le ciel.

Confiteor.

Faut-il, Seigneur, que j'aie toujours de nouveaux péchés à confesser et à pleurer? L'excès de votre bonté surpasse encore celui de mon ingratitude. Vous me tenez compte des moments où je vous témoigne de l'amour, et un repentir sincère vous fait oublier toutes mes fautes. Les commettrai-je encore, ô mon Dieu! ces fautes qui vous offensent et que vous pardonnez avec tant de miséricorde et d'indulgence? Ne le permettez pas, ô mon Dieu! soutenez ma fragilité et répandez dans mon âme cet esprit de componction qui fait haïr le péché plus que tous les maux de la vie.

Vierge sainte, qui fûtes toujours fidèle à la grâce; saint précurseur de Jésus-Christ, qui conservâtes jusqu'au dernier soupir celle qui vous avait sanctifié dans le sein de votre mère; disciples chéris, qui fûtes confirmés par le Saint-Esprit dans les sentiments que votre divin Maître vous avait inspirés; vous, âmes bienheureuses, exemptes pour jamais de la fragilité et de l'inconstance, priez pour moi; obtenez-moi ce don de persévérance qui vous a si heureusement conduits au port du salut, et la couronne de justice.

Gloria in excelsis.

La gloire vous est due, Seigneur, mais la paix que nous vous demandons, et cette bonne volonté qui en est la source, ne nous est pas due.

La gloire vous est due, mais puis-je me répondre que ma Communion vous a glorifié? Ne dois-je pas craindre qu'elle vous ait plutôt déshonoré? Seigneur, je mets toute ma confiance dans votre miséricorde et dans la vertu du sang que vous avez versé pour moi. O Dieu créateur, Roi du ciel et Père tout-puissant! ô Jésus Rédempteur, Fils unique du Père ! ô Esprit Sanctificateur, lien sacré de cette charité divine, qui unit le Père avec le Fils et avec vous! Adorable Trinité, ayez pitié de moi : vous aviez promis que vous viendriez dans mon cœur pour y établir votre demeure; votre promesse est accomplie : vous êtes entré dans mon âme, daignez y établir pour toujours le règne de la paix et de la justice, y entretenir cette bonne volonté, ce désir de vous plaire, qui peut seul me procurer à moi-même un établissement éternel dans la céleste patrie.

Epître et Evangile.

Deux choses, Seigneur, m'étaient absolument nécessaires dans ce lieu de ténèbres et de péchés. J'avais besoin de lumière et de nourriture pour me soutenir. Touché de ma misère, vous m'avez donné votre chair sacrée pour être la nourriture de mon âme, et vous m'avez laissé votre divine parole, comme une lampe qui éclaire mes pas. O mon Dieu! que deviendrais-je si j'étais privé de ces deux secours? Comment connaîtrais-je la voie qui conduit à la vie? Et comment aurais-je la force et le courage d'y marcher? Mais par un effet admirable de votre bonté, je reçois d'un côté votre parole, qui est la lumière de mon âme, et de l'autre un Sacrement qui renferme le pain de vie. Ce sont là, Seigneur, les deux tables que vous avez placées dans le trésor de votre Eglise : l'une est la table sacrée de l'autel, sur laquelle le pain et le vin sont changés, par un miracle incompréhensible, au corps et au sang de de Jésus-Christ ; l'autre est la table de votre loi divine, qui contient une doctrine sainte, et la vraie foi pour nous conduire : cette table de la loi nouvelle nous a été apportée par les apôtres et par les évangélistes. Je crois ce qu'ils ont cru, j'espère ce qu'ils ont espéré ; et j'ai confiance d'arriver, avec le secours de votre grâce, au bonheur dont ils jouissent. Grâces immortelles vous soient rendues, ô souverain Législateur des hommes ! de ce qu'en me faisant connaître vos volontés, vous me donnez en même temps, par la Communion, tous les secours et toutes les forces qui me sont nécessaires pour les suivre et les accomplir.

Credo.

Je crois, ô mon Dieu ! tous les mystères que vous avez révélés aux hommes ; et comment ne les croirais-je pas lorsque je les porte en quelque sorte réunis et rassemblés dans moi-même ? Oui, je possède actuellement le Dieu unique, le Père tout-puissant, qui a créé le ciel et la terre.

Je possède Jésus-Christ, fils unique de Dieu, et né du Père avant tous les siècles. J'ai reçu cette même chair dont il s'est revêtu pour notre salut, et qui fut formée dans le sein de Marie, toujours Vierge, par l'opération du Saint-Esprit ; ce même corps qui fut attaché à la croix, et mis ensuite dans le tombeau, qui ressuscita le troisième jour, et qui est présentement assis à la droite du Dieu vivant. Il est aujourd'hui mon Rédempteur, mais il sera mon juge. Il me nourrit aujourd'hui de sa chair et de son sang, mais si je suis coupable, il m'écrasera de sa foudre. O doux Sauveur ! ô Juge inexorable ! faites-moi tellement éprouver les effets de votre bonté, que je ne sois plus exposé à la rigueur de votre justice.

Je possède cet Esprit sanctificateur qui donne la vie de la grâce, et qui est adoré et glorifié comme le Père et le Fils. Il me parle par les prophètes et les apôtres, et il me parle encore par la voie de son Eglise, une, sainte, catholique et apostolique, dont je respecterai toujours les oracles. C'est ce divin Esprit qui me sanctifie et qui me ressuscitera pour le siècle à venir. Seigneur Jésus, imprimez si fortement dans mon âme ces sublimes vérités, que les fausses lueurs de la raison humaine ne soient jamais capables de les obscurcir. Faites-moi comprendre combien je suis heureux de les connaître, et combien il m'est avantageux de les croire, combien il est déraisonnable de les révoquer en doute, et téméraire de vouloir les approfondir ! Fortifiez ma foi, Seigneur, pour les croire sans hésiter.

Offertoire.

Je m'offre à vous, ô mon divin Jésus ! comme vous vous offrîtes à votre Père lorsque vous étiez attaché à la croix; vous me donnez pour nourriture votre Corps et votre Sang, et tout ce que vous êtes ; je veux être tout entier à vous, comme vous êtes tout entier à moi. Je sais que tout ce qui est dans le ciel et sur la terre vous appartient, et qu'il n'y a rien en moi que je n'aie reçu de vous ; je m'offre donc à vous, ô mon Dieu ! dans toute la sincérité de mon cœur; je m'attache à vous, et j'espère que rien ne sera capable de m'en séparer. Recevez, Seigneur, le sacrifice entier et absolu que je fais de moi-même et de toutes les affections de mon cœur; je le joins à celui que le Prêtre va faire à Dieu de votre chair divine.

Je mets sur cet autel de propitiation tous les péchés que j'ai commis depuis le premier instant où j'ai été capable de vous offenser, afin que vous les consumiez par le feu de votre charité. Je vous offre tout le bien que j'ai pu faire, quelque faible et quelque imparfait qu'il puisse être, afin que vous acheviez de le sanctifier et de le conduire à sa perfection.

Je vous offre tous les saints désirs des âmes pieuses ; je vous offre tous les besoins de mes parents, de ceux qui me sont chers, de ceux qui me font du bien ou à d'autres pour votre amour; de tous ceux qui ont désiré ou demandé que je priasse pour eux, soit qu'ils vivent encore ou qu'ils soient morts; je vous offre mes prières et cette hostie de propitiation, pour tous ceux qui m'ont offensé et contristé; je vous offre enfin les hommages et toute la gloire que vous rendront à jamais vos plus saintes créatures dans le ciel et sur la terre, pour suppléer à la faiblesse et à l'imperfection de mes actions de grâces.

Lavabo.

J'ai reçu le Saint des saints; j'éviterai donc tout ce qui peut l'offenser; je chercherai la compagnie de ceux qui le servent et qui vivent dans l'innocence.

Préservez-moi, Seigneur, de ces liaisons funestes qui seraient capables de me perdre. J'aimerai, Seigneur, la beauté de votre maison; le lieu saint où vous manifestez votre gloire fera toujours mes plus chères délices. Ne souffrez pas que je m'abandonne jamais à la lâcheté ni au dégoût de votre service. Embrasez-moi de ce feu sacré qui sort de votre saint tabernacle. Que les distractions ne diminuent jamais la ferveur ni le mérite de mes prières. Soyez toujours aussi présent à mon esprit et à mon cœur que vous l'êtes aux yeux de ma foi sous les sacrés symboles qui enveloppent votre Corps et votre Sang.

Préface.

Qu'ai-je besoin, Seigneur, de m'élever en esprit jusqu'au ciel pour vous rendre mes hommages? N'ai-je pas reçu dans moi ce même Dieu que les Anges adorent sur le trône de sa gloire? Quel est, ô mon Dieu! l'avantage du peuple chrétien, et quelle autre nation a joui comme nous de la présence de la Divinité! Que vos œuvres sont admirables, Seigneur! que votre puissance est grande et votre charité ineffable! Que ferai-je pour vous marquer ma reconnaissance? Serait-ce assez de vous donner mon cœur? Hélas! il est si faible, si fragile et si imparfait; mais c'est le seul présent que je puisse vous offrir, et le seul que vous désirez. Je vous le donne, Seigneur, je m'abandonne entièrement à vous. Recevez-moi, recevez avec moi le sacrifice de mes louanges. Saint, saint, saint le Dieu des armées; le ciel et la terre sont remplis de sa gloire; et quand il daigne la voiler sur la terre pour se donner aux hommes, cette gloire ne brille pas avec moins d'éclat aux yeux de la foi que celle dont il jouit dans le ciel.

Mon âme glorifie le Seigneur, et mon esprit est ravi de joie en Dieu mon Sauveur. Je possède mon Dieu, quel avantage! et dans mon Dieu je trouve mon Sauveur, quel motif de confiance et d'amour! Je ne suis qu'un néant, je ne suis qu'un ver de terre devant lui; mais en le possédant je m'élève au-dessus de ma bassesse; il m'honore, il me glorifie en se donnant à moi. Je possède celui devant qui les Anges sont pénétrés d'une crainte respectueuse. Le Tout-Puissant a fait en moi de grandes choses, et son Nom est saint. Quoi de plus grand et de plus merveilleux que de nourrir mon âme du Corps et du Sang de Jésus-Christ!

Canon.

Après la grâce que vous m'avez faite, Seigneur, en me donnant votre Corps et votre Sang, que ne puis-je pas espérer de votre bonté? Je me trouve présentement à la source de tous les biens; je puis les demander et les obtenir; répandez-les, Seigneur, sur moi et sur toutes les créatures capables de **vous** servir et de vous aimer.

Réjouissez-vous, mon âme, et rendez grâces au Dieu tout-puissant pour le don magnifique qu'il vous a fait. Profitez souvent de la consolation singulière qu'il vous a laissée dans cette vallée de larmes.

Toutes les fois que je reçois le Corps de mon Sauveur, je participe à tous les mérites de Jésus-Christ. Sa charité infinie ne diminue jamais, elle ne se refroidit jamais, et les richesses de sa **rédemption** sont inépuisables.

Je dois donc considérer la grandeur de ce mystère de mon salut avec une attention toujours nouvelle: toutes les fois que j'en approche, il doit me paraître aussi grand, aussi admirable que si ce jour-là même Jésus-Christ, descendant pour la première fois dans le sein de la Vierge, se faisait homme, ou qu'attaché à la croix, il souffrit et mourût pour le salut des hommes.

Je trouve en vous, Seigneur, tout ce que je puis et tout ce que je dois désirer. Vous seul êtes mon salut, ma rédemption, ma force et mon espérance;

vous êtes dans moi, vous vous êtes donné à moi : il ne me faut rien de plus.

O mon bien-aimé, les délices de mon âme! que le ciel et la terre avec leurs magnificences se cachent devant vous ! Tout ce qu'ils ont de beau et d'admirable vient de vous et n'approchera jamais de votre beauté infinie.

Elévation de l'Hostie.

Je vous adore, ô mon Dieu! dans cette Hostie, et je vous adore en même temps dans moi-même. Je ne savais, Seigneur, comment je pourrais reconnaître la faveur que vous m'avez faite en me nourrissant de votre Corps et de votre Sang ; mais je trouve dans la victime qui s'immole sur cet Autel, de quoi vous payer d'un si grand bienfait. Je vous l'ai offerte pour me mettre en état de vous recevoir, je vous l'offre encore pour vous témoigner toute ma reconnaissance. Je vous ai présenté cet Agneau sans tache, comme une victime d'expiation, une victime de satisfaction, une victime de préparation ; je vous la présente encore comme une victime d'actions de grâces. Recevez-la, Seigneur, et que son sacrifice parfait, entier et absolu, vous présente ce dévouement sans réserve, cette immolation totale que je vous fais de moi-même.

Suite du Canon.

Puisque j'ai le bonheur de vous posséder, ô mon Dieu ! qu'il me soit permis de vous offrir mon cœur ;

vous êtes en moi, Seigneur, et je suis en vous; faites que nous demeurions ainsi éternellement unis ; vous êtes véritablement mon bien-aimé, choisi entre mille, en qui mon âme souhaite de demeurer tous les jours de la vie. Quels biens, quelles consolations ne suis-je pas sûr de trouver en vous ! Hors de vous je ne rencontrerai partout qu'un vide affreux, une fausse et trompeuse félicité.

Vous m'avez donné votre chair toute sainte, toute sanctifiante, toute divine, toute pleine de votre esprit, qui est la vie de mon âme. Faites-moi goûter, ô mon Dieu ! les douceurs ineffables de votre amour, afin que je ne sois plus occupé du monde, ou que je n'y pense que par rapport à vous.

C'est vous seule que je désire, ô justice éternelle ! bonté souveraine ! beauté ineffable ! dont la possession nous fait éprouver des plaisirs purs, des plaisirs célestes, de chastes délices qui ne peuvent jamais causer de dégoûts ! C'est en vous seul, ô mon Dieu ! que je puis trouver une paix solide, une vie exempte de troubles et d'agitations. Celui qui entre en vous, entre dans la joie du Seigneur, il n'a plus rien à craindre. Rien ne peut lui manquer, tant qu'il sera uni au bien suprême, qui comprend excellemment tous les autres biens.

Pater noster.

Qu'il m'est doux, ô mon Dieu ! de pouvoir vous donner le nom de Père : vous régnez dans les cieux, et cependant vous êtes descendu jusqu'à moi, parce que vous voulez sacrifier votre gloire pour le salut de vos enfants. Que ma vie et toutes mes actions soient employées à glorifier votre nom, à établir ou à étendre votre règne. Il est enfin arrivé dans mon cœur, ce règne de justice et de sainteté. Le royaume de Dieu est au dedans de moi ; que toutes les pensées de mon esprit et que tous les sentiments de mon cœur soient désormais soumis aux volontés de leur Roi légitime, et rapportés à sa gloire ; qu'il y soit servi et obéi comme il l'est dans le ciel. Il m'a nourri du pain céleste qui fait ma force et qui soutient ma vie. O pain sacré ! ô divine nourriture ! éteignez les ardeurs des passions qui me tyrannisent. Réprimez ma colère, arrêtez ma vengeance, afin que le Seigneur me pardonne, comme j'aurai pardonné. Vous êtes le pain des forts, fortifiez-moi contre les attaques funestes de l'ennemi de mon salut, qui me flatte pour me perdre, qui m'attire pour me jeter dans l'abîme. Délivrez-moi, Seigneur, des maux présents et des maux à venir ; des maux présents, parce qu'ils me portent souvent à des plaintes et à des murmures qui vous déplaisent ; et des maux à venir, parce qu'ils sont sans ressource, et qu'ils m'éloignent de votre présence, sans espérance de retour.

Agnus Dei.

Agneau de Dieu, je vous porte dans mon cœur : serai-je encore impatient, colère, vindicatif et dédaigneux ? N'êtes-vous pas le modèle et la source de l'humilité, de la charité, de la douceur et de la patience? Que ne souffrez-vous pas tous les jours sans plainte ni murmures? Ne m'avez-vous pas dit : *Apprenez de moi que je suis doux et humble de cœur?* Et quand vous ne me l'auriez pas enseigné par vos discours, vos sacrifices et vos exemples ne me le diraient-ils pas? Détruisez donc, par l'impression de votre douceur, cet esprit d'aigreur qui trouble si souvent la paix de mon âme, et affermissez dans mon cœur cette charité qui doit unir tous les hommes.

Communion.

Non, je n'étais pas digne, Seigneur, de l'honneur que vous m'avez fait, mais vous achèverez de m'en rendre digne par l'effet salutaire de votre présence. Vous voilà dans mon cœur, il est temps que vous lui disiez cette parole favorable qui guérit les vices, qui étouffe les passions, qui affaiblit les tentations, qui prévient les chutes, qui répand la grâce avec plus d'abondance, qui anime la foi, qui affermit l'espérance et qui enflamme la charité.

Dernier Evangile.

O Verbe divin, lumière des hommes, bannissez à jamais de mon cœur les ténèbres du péché. Hélas! le monde que vous aviez créé, et que vous veniez racheter, ne vous a pas connu. J'ai le bonheur de vous connaître, j'ai même celui de vous posséder ; mais à quoi me servira l'éclat de votre lumière, si je ne la suis pas? Un jour, un moment suffira-t-il pour me faire perdre et oublier les effets de la charité d'un Dieu, et le don inestimable que j'ai reçu de sa libéralité ! O Dieu ! qui êtes plein de grâce et de vérité, imprimez dans mon esprit cette vérité qui éclaire ; établissez dans mon cœur cette grâce qui sanctifie : faites-moi trouver, Seigneur, dans votre vérité et dans votre grâce le frein de mon inconstance et le soutien de ma faiblesse.

NOUVELLE CONFRÉRIE DU SAINT-SACREMENT DE MIRACLE.

Nous avons dit dans un des chapitres précédents qu'une confrérie avait été formée en l'honneur et en souvenir du miracle de Faverney en l'année 1609, c'est-à-dire un an après ce grand événement. Cette confrérie, qui exista jusqu'aux tristes jours de la révolution, fut naturellement abandonnée comme tout ce qui tenait au culte catholique. En l'année 1833, M. l'abbé Camus, alors curé de Faverney, désireux de reformer cette sainte confrérie, demanda et obtint du saint-siége des priviléges dont nous donnons le détail à nos lecteurs. Ce sont les mêmes que ceux qui sont attachés à la confrérie du Saint-Sacrement de Sainte-Marie-la-Minerve à Rome.

Pour entrer dans la confrérie et participer aux priviléges et aux prières de l'association il suffit :

1° De donner ses noms et prénoms au prieur de la confrérie, pour les faire inscrire sur le catalogue ;

2° De payer une prestation de cinq centimes par an ;

3° De faire don d'une somme facultative.

Voici les priviléges accordés à la confrérie :

SOMMAIRE

De toutes les indulgences en général et de chacune en particulier, accordées à l'Archiconfrérie du très Saint-Sacrement, érigée canoniquement dans l'église de Sainte-Marie-la-Minerve, à Rome.

(Par Paul V, le 8 novembre 1606.)

1. — Indulgence plénière à chaque fidèle de l'un et de l'autre sexe le jour que, s'étant confessé et ayant communié, il aura donné son nom à la confrérie.

3. — Indulgence plénière aux confrères et consœurs de la même confrérie qui, vraiment pénitents, s'étant confessés et ayant communié, auront assisté

à la procession du très saint Sacrement, laquelle se fait de coutume chaque année le jour de l'octave de la Fête-Dieu, et l'auront accompagné en priant pour la paix, pour la concorde entre les princes chrétiens, pour l'extirpation des hérésies et pour l'exaltation de notre mère l'Eglise.

Cette indulgence a été transférée par Innocent XII, le 27 novembre 1694, au vendredi qui suit immédiatement la solennité de la Fête-Dieu.

3. — La même indulgence peut être gagnée par tous les confrères et consœurs qui, légitimement empêchés, n'auraient pas pu assister à la susdite procession, pourvu toutefois que, vraiment pénitents et confessés, ils aient communié et prié comme il vient d'être dit.

4. — Indulgence plénière à tous et à chaque confrère et consœur qui, s'étant confessés et ayant communié, invoqueront, à l'article de la mort, le très saint nom de Jésus, au moins de cœur s'ils ne le peuvent de bouche.

5. — Indulgence de sept ans et de sept quarantaines aux confrères et consœurs qui, vraiment pénitents et confessés, communieront le jour de la Fête-Dieu et prieront comme il a été dit plus haut.

6. — Indulgence de cent jours à chaque confrère et consœur toutes les fois qu'ils assisteront aux offices divins et aux processions de la confrérie.

7. — Indulgence de cent jours, à chaque vendredi de l'année, aux confrères et consœurs qui visiteront l'église dans laquelle est érigée la confrérie.

8. — Indulgence de sept ans et de sept quarantaines aux confrères et consœurs qui, vraiment pénitents, confessés et ayant communié, assisteront à la procession qui a coutume de se faire le troisième dimanche de chaque mois et le jeudi saint.

9. — Indulgence de cent jours aux confrères et consœurs qui, au moins contrits et confessés, accompagneront la procession le jeudi saint.

10. — Indulgence de sept ans et de sept quarantaines aux confrères et consœurs toutes les fois qu'ils accompagneront, avec un cierge ou sans cierge, le très saint Sacrement lorsqu'on le porte aux malades ou ailleurs.

11. — Indulgence de cinq jours aux confrères et consœurs qui visiteront, le jeudi saint, le lieu où est conservé le très saint Sacrement et prieront comme il a été dit plus haut.

(Par Clément X, le 24 janvier 1673.)

12. — Indulgence de cent jours aux confrères et consœurs, chaque fois qu'ils accompagneront à la sépulture le corps d'un fidèle défunt.

(Par Benoît XIV, le 2 août 1749.)

13. — Indulgence de cent jours aux confrères et consœurs toutes les fois qu'ils assisteront aux messes que l'on célébrera, selon le temps, dans l'église ou dans la chapelle ou l'oratoire de la confrérie;

14. — Où qu'ils assisteront aux assemblées pu-

bliques et particulières de la confrérie, en quelque lieu qu'elles se fassent;

15. — Ou aux processions, quelles qu'elles soient, qui se feront avec la permission de l'Ordinaire;

16. — Ou qu'ils donneront l'hospitalité aux pauvres;

17. — Ou qu'ils pacifieront des ennemis, ou qu'ils réuniront ou feront réunir des personnes désunies;

18. — Ou que, par empêchement, ne pouvant pas accompagner le très saint Sacrement de l'Eucharistie, soit dans les processions, soit lorsqu'on le porte aux malades ou ailleurs, et de quelque manière que ce soit, selon le temps, ils réciteront au son de la cloche une fois l'Oraison dominicale et la Salutation angélique, ou bien cinq fois les mêmes Oraison et Salutation pour les âmes des confrères et consœurs défunts de la même confrérie;

19. — Ou qu'ils ramèneront un égaré sur la voie du salut;

20. — Ou qu'ils enseigneront aux ignorants les commandements de Dieu et les choses nécessaires au salut;

21. — Ou qu'ils visiteront les infirmes, les prisonniers et les soulageront de quelque manière, spirituellement ou temporellement;

22. — Ou qu'ils exerceront quelque autre œuvre que ce soit de piété ou de charité.

INDULGENCES

Accordées à tous et à chaque fidèle de l'un et de l'autre sexe qui, pour rendre honneur et hommage au très saint Sacrement, s'exerceront dans les œuvres de piété suivantes.

(Ces indulgences ont été accordées par Urbain IV, l'année 1264, par sa bulle qui commence par ces mots *Transiturus*, par laquelle il institua la Fête-Dieu; elles ont été étendues par Martin V, le 26 mai 1429, et confirmées et augmentées par Eugène IV, le 26 mai 1433.)

1. — Indulgence de deux cents jours à tous et à chaque fidèle de l'un et de l'autre sexe qui, vraiment pénitents et confessés, jeûneront la veille de la Fête-Dieu, ou feront une autre œuvre de piété, selon l'avis du confesseur.

2. — Indulgence de quatre cents jours à chaque fidèle qui, vraiment pénitent et confessé, asssistera à l'office divin des premières et secondes vêpres, et à la messe de la même Fête-Dieu.

3. — Indulgence de cent soixante jours toutes les fois que, à la même fête, on assistera à chacune des petites heures, prime, tierce, sexte, none, et à complies.

4. — Indulgence de deux cents jours toutes les fois que, dans les exercices sacrés qui se feront à vêpres, à matines et à la messe, les jours de l'octave de la même fête, on y assistera et pour chaque exercice auquel on assistera.

5. — Indulgence de quatre-vingts jours pour chacune des autres heures les jours de l'octave dont on vient de parler.

6. — Indulgence de deux cents jours au prêtre qui célébrera la messe et au laïque qui communiera dévotement, et qui, dans ladite fête, accompagnera la procession du très saint Sacrement, ou un autre jour de l'octave, en priant pour la paix et pour la tranquillité de notre mère la sainte Eglise.

(Par Paul V, le 3 novembre 1606.)

7. — Indulgence de deux cents jours à tous les fidèles qui accompagneront la procession de la confrérie du très saint Sacrement, le troisième dimanche de chaque mois et le jeudi saint.

8. — Indulgence de cinq ans et de cinq quarantaines aux curés et aux autres fidèles de l'un et de l'autre sexe, qui accompagneront processionnellement, sans cierge, le très saint Sacrement lorsqu'on le porte aux malades ou ailleurs.

BESANÇON, IMPRIMERIE DE J. JACQUIN.

EN VENTE

A PARIS, CHEZ A. BRAY, LIBRAIRE,
Rue des Saints-Pères, 66;

A BESANÇON, CHEZ J. JACQUIN, IMPRIMEUR :

VIE DE SAINTE FRANÇOISE ROMAINE, par lady Georgiana Fullerton, traduite de l'anglais par Mlle Fanny de Poinctes-Gevigney, avec l'autorisation de l'auteur. — 1 vol. in-12; prix, 1 fr. 50 c.

BESANÇON, IMPRIMERIE DE J. JACQUIN.

www.ingramcontent.com/pod-product-compliance
Lightning Source LLC
Chambersburg PA
CBHW061303110426
42742CB00012BA/2040